54

DERNIERES DECOUVERTES DANS L'AMERIQUE SEPTENTRIONALE

de M. DE LA SALE;

Mises au jour par M. le Chevalier TONTI, Gouverneur du Fort Saint Loüis, aux Islinois.

A PARIS AU PALAIS,

Chez JEAN GUIGNARD, à l'entrée de la Grand' Salle, à l'Image saint Jean.

M. DC. LXXXXVII.

Avec Privilege du Roy.

EXTRAIT DV PRIVILEGE du Roy.

PAr Privilege du Roy, donné à Paris le 9. jour de Septembre 1696. Signé par le Roy en son Conseil, CARPOT: Il est permis à JEAN GUIGNARD, Libraire, d'imprimer ou faire imprimer un Livre intitulé, *Relation des dernieres Découvertes du Sieur de la Sale, dans l'Amerique Septentrionale*, redigées & mises au jour par le Chevalier Tonti, Gouverneur du Fort S. Loüis aux Islinois, &c. pendant le temps de huit années, à compter du jour que ledit Livre aura été achevé d'imprimer pour la premiere fois ; avec deffences à toutes personnes de quelque qualité qu'elles soient, d'imprimer ou faire imprimer ledit Livre, n'y d'en vendre de contrefaits sous quelque pretexte que ce soit, à peine de confiscation des Exemplaires contrefaits, de trois mille livres d'amende, & de tous dépens, dommages & interests; ainsi qu'il est plus au long porté par lesdites Lettres de Privilege.

Regiſtré sur le Livre de la Communauté des Imprimeurs & Libraires de Paris, le 10. *Decembre* 1696. *Signé*, P. AUBOÜIN, *Syndic.*

Achevé d'imprimer pour la premiere fois, le 21. Janvier 1697.

NOUVELLE RELATION
DE L'AMERIQUE
SEPTENTRIONALE.

LES Relations ne font à estimer qu'autant qu'elles sont fidelles & sinceres : celle-ci a l'un & l'autre caractere ; la maniere même dont elle est écrite, le découvre aisément : on y voit d'abord le motif qui engagea M. *Cavelier de la Sale*, natif de Roüen, à penetrer dans ces vastes Contrées qui restoient à découvrir dans l'Amerique Septentrionale. Le Ciel qui l'avoit doüé d'un genie capable de toute sorte

A

d'entreprises, lui suggera le dessein d'aller depuis le Lac appellé *Frontenac*, jusqu'au Golfe de la Mer Mexique. En effet il se resolut d'entrer dans ces Terres jusques alors inconnuës, pour faire connoitre aux Habitans, malgré leur barbarie, la verité de la Religion Chrétienne, & la puissance de nôtre grand Monarque. Plein de cette idée, il vint à la Cour pour la communiquer au Roi. Sa Majesté ne se contenta pas d'approuver son dessein, elle lui fit expedier des ordres, par lesquels elle lui accordoit la permission de l'aller exécuter; & pour lui faciliter l'exécution d'un si vaste projet, on lui fournit peu de tems aprés, les secours necessaires, avec liberté entiere de disposer de tous les Païs qu'il pourroit decouvrir.

En ce tems-là, aprés huit années de service, tant sur Terre que sur Mer, aïant eu en Sicile une main emportée d'un éclat de grenade, j'étois à la Cour, à dessein d'y soliciter de l'emploi : M. *de la Sale* aprés avoir obtenu de nôtre genereux Prince tout ce qu'il souhaitoit, & même plus qu'il n'avoit demandé, se disposoit à partir pour l'Amerique. M. le Prince de Conti, qui l'avoit beaucoup appuïé dans sa demande, & qui m'honoroit de sa protection, eut la bonté de me proposer à lui pour l'accompagner dans ses voïages. Il n'en falut pas davantage pour engager M. de la Sale à me recevoir au nombre de ceux qu'il vouloit emmener avec lui pour son expedition. Ce nombre qui pouvoit aller à trente hommes, tant Pilotes que Charpentiers ou autres Artisans, étant complet, nous partîmes de la Rochelle le 14. Juillet 1678. & nous arrivâmes à *Quebec* le 15. Septembre suivant. Nous y sejournâmes quelques jours, & aprés avoir pris congé de M. *le Comte de Frontenac*, Gouverneur general du Païs, nous montâmes le Fleuve S. Laurent jusqu'au Fort de *Frontenac*, & nous prîmes terre au bord du Lac de même nom, à six vingt lieues de Quebec, sur le 44. degré de latitude.

Lac de Frontenac. Ce Lac a trois cent lieuës de tour ou environ, & communique avec quatre autres d'une pareille ou plus grande étenduë: ils sont tous d'une navigation trés-commode, & sont fournis de toute sorte de pêche. L'entrée de ce premier Lac est défenduë par un Fort soutenu de quatre gros bastions, dans le fonds d'un bassin, capable de contenir une nombreuse flotte: Comme c'étoit l'ouvrage de M. de la Sale, le Roi lui en avoit donné la proprieté avec celle de tous les autres Lacs & de leurs dépendances: Les environs en sont charmans, ce ne sont que belles campagnes, que vastes prairies, que grands bois de haute sustaïe, que côteaux garnis de toutes sortes d'arbres fruitiers. Ce fut-là le terme de nôtre premiere course, & d'où nous prîmes resolution de pousser nos découvertes jusqu'aux dernieres contrées de ce vaste Continent.

Comme entre tous ceux qui accompagnerent Monsieur de la Sale, nul n'eut plus de part que moi à ses travaux, soit pour m'être toûjours fortement attaché à les seconder, soit pour m'être vû chargé par sa mort prématurée, de tout ce qui manquoit à l'accomplissement de son dessein, je puis me flater que personne ne sauroit donner plus de lumieres que moi, sur une si glorieuse & si importante entreprise; les Memoires que j'ai faits par jour, me serviront de guide pour en retracer toutes les particularitez; je representerai naïvement les choses telles que je les ai vûës; & si la necessité de m'éloigner quelquefois d'auprés de lui, m'en a fait manquer quelques-unes, je ne les rapporterai que sur le témoignage oculaire des personnes, de la foi desquels je suis garand comme de la mienne. Qu'on ne s'attende pas ici à des descriptions pompeuses, dont on a coûtume d'embellir ces sortes d'Ouvrages; on verra regner par tout une grande simplicité jointe à une grande exactitude; mon stile semblera peut-être rude & grossier, & c'est en cela qu'il paroîtra plus conforme au naturel de ces Païs ou de ces Peuples sauvages.

Cependant à considerer la grandeur de cette entreprise, les perils & les difficultez qu'il a falu surmonter pour la conduire, ou pour la consommer; sans parler même des avantages qu'on peut retirer de la connoissance de ces climats éloignez, on peut dire que cet Ouvrage merite bien la curiosité du Lecteur, puisque c'est une découverte de plus d'environ dix-huit cent lieuës, tant du Nord au Sud, que du Levant au Couchant; En un mot c'est cette grande étenduë de Terre qu'on a nommée la *Loüisiane*, depuis qu'on en a pris possession au nom de Loüis le Grand.

Ces terres, toutes incultes

Fertilité du païs. qu'elles font, portent la plûpart des fruits, que l'art & la nature font naître dans les nôtres; les champs y produisent leurs moissons deux fois chaque année sans le secours d'une penible agriculture; la vigne y porte en certaines contrées de gros raisins sans le soin du vigneron; les arbres fruitiers n'ont besoin ny de la coupe, ny des greffes pour y donner les meilleurs fruits; tout y vient fort naturellement & en abondance; le sol & le climat y est presque par tout doux & temperé; on y voit certaines Regions traversées par une grande quantité de ruisseaux; d'autres arrosées par de tres-grands fleuves, d'autres entre-coupées par des valons, par des montagnes, par des bois & par des prairies; Au travers de ces vastes forêts errent des animaux de toute espece; des bœufs, des orignacs, des loups communs, des loups cerviers, des asnes sauvages, des cerfs, des chevres, des moutons, des renards, des liévres, des castors, des loutres, de gros & de petits chiens, avec une abondance infinie de toute sorte de gibier; & tout cela à la merci de ceux qui ont la force ou l'adresse de s'en rendre les maîtres. On y a découvert des mines de fer, d'acier, de plomb; l'on pourroit bien y en trouver d'or & d'argent, si on se donnoit la peine d'en chercher; mais ces hommes qui habitent ces Regions, ne mesurant le prix des choses que par rapport aux necessitez de la vie, & non par cette valeur imaginaire uniquement fondée sur l'avarice, se sont peu soucié de ces trésors, & ne se sont nullement mis en peine de creuser la terre pour les en tirer.

Mœurs de ses habitãs. Ces hommes au reste n'ont presque rien de l'homme que le nom ; les noms mêmes en sont presque aussi barbares que les mœurs : Ils vivent sans loi, sans art, sans religion; ils ne connoissent ni superiorité, ni subordination ; l'indépendance & la liberté font leur souverain bien. Leur vie est presque toujours errante; ils n'ont rien de fixe, rien de borné dans leurs possessions, ni même dans leurs mariages ; ils prennent une ou plusieurs femmes, selon leur fantaisie ; ils les gardent ou les quittent quand il leur plait; s'ils se dégoûtent de quelqu'une, un autre s'en accommode ; ils en usent à peu-prés de même pour les terres qu'ils cultivent, ou qu'ils habitent aprés les avoir quelque tems travaillées, ils les abandonnent pour aller ailleurs ; alors un nouveau-venu s'en empare, & laisse à quelqu'autre les fonds qu'il vient de cultiver ; ainsi chacun choisissant à son gré tantôt une habitation, tantôt une autre, & vivant tous dans une espece de communauté de biens; ils se croyent tous égaux, & s'imaginent que l'Univers n'est fait que pour eux : car chacun d'eux se croit le maître de la Terre.

Pour ce qui concerne la Religion, quoi qu'ils aïent quelque sombre idée d'un Dieu, ils vivent comme s'il n'y en avoit pas ; quelque puissant qu'ils croïent ce Dieu, ils le croïent trop occupé de sa propre grandeur, pour se persuader qu'il prenne le moindre soin de leur conduite. Les uns adorent le Soleil, les autres pensent que tout est plein de certains

Leur Religion

Esprits, qui président à toutes leurs avantures; ils croyent même que chaque chose a son genie particulier, & qu'elle ne nous est profitable ou nuisible, que selon qu'il plaît à ce genie; de-là viennent leurs folles supestitions pour leurs *Iongleurs* ou pour leurs *Monitous*, qui sont comme leurs Prêtres, ou plûtôt leurs Sorciers.

Sentiment qu'ils ont de leur ame.

A l'égard de leurs ames, la plupart sont incapables de porter leurs reflexions jusques-là, ou s'il y en a quelques-uns qui semblent persuadez de l'immortalité, ce n'est que sur les principes de la Metempsycose, dont ils se forgent mille songes creux, & cent sortes de rêveries impertinentes. Je croirois me rendre plus ridicule qu'eux, si je voulois entrer dans le détail de leurs extravagances sur ce sujet; ce qu'il y de vrai, c'est qu'ils sont si durs, indociles sur le chapitre de la eligion ou de la Divinité, qu'ils ne sont convaincus ni de leur propre croïance, ni de celle des autres, & qu'ils ne prennent que pour chansons tout ce que les plus saints Missionnaires tâchent de leur inspirer là-dessus.

Cependant au travers de cette humeur brute & barbare, on remarque en eux un certain fonds de bon sens, qui leur fait tres-bien demêler leur propre interest d'avec celui des autres ; qui les rend capables de negociation, de commerce, de conseil, qui leur fait enfin prévoir les suites des grandes entreprises, & prendre de justes mesures, ou pour en avancer l'heureux succez, ou pour en détourner les dommages ; S'ils ont à déliberer sur quelque importante affaire,

Leurs bonnes qualitez.

ce n'est qu'étant tous assis dans un lieu separé du bruit, prenant ou fumant du tabac, tout le monde gardant un profond silence, tandis qu'un de la compagnie propose avec beaucoup de gravité l'état de l'affaire & son sentiment.

Leurs manieres particulieres. Sur quoi il est à remarquer que quelque traité, quelque accommodement qu'ils aïent à faire, ils ne font jamais aucune convention, qu'auparavant ils ne se soient fait des presens reciproques, & qu'ils ne se soient regalez. C'est pour cela qu'ils ont leur chaudiere de paix, & leur chaudiere de guerre; ils annoncent la paix avec un bâton ou pieu fiché en terre, qu'ils appellent *Calumet*, ou avec des colliers, qui sont le symbole de l'union; mais pour la Guerre, ils ne la declarent que par des cris & par des hurlemens épouvantables.

Ils savent non seulement se camper, mais se retrancher, se palissader, se fortifier, & garder même quelque espece d'ordre dans leurs attaques & dans leurs combats. *Leur science en l'art militaire.*

Quoi que la terre leur donne indifferemment toutes sortes de grains & de plantes, comme ils en ont observé quelques-unes plus propres pour la nourriture que les autres, ils prennent plus de soin de les semer & de les cultiver; de sorte qu'ils ont leur semaille & leur recolte comme de leur bled d'Inde, dont ils font une boüillie tres-nourrissante & d'un fort bon goût, de leur *Touquo*, dont ils font leur cassave, & de certains navets, dont ils font leur *cassamite*. *Leur soin de l'agriculture.*

Ils tirent de certains arbres des baumes tres-excellens, ils ont même une espece d'instinct *Ont cõnoissance des simples.*

pour connoître les simples, tant ceux qui leur sont salutaires, que ceux qui leur sont nuisibles, & savent fort bien s'en servir pour se guérir des plaies ou des morsures les plus envenimées.

de l'Astronomie.

Ce n'est pas tout, ils portent leur connoissance jusqu'au Ciel, ils savent quel est le cours du Soleil, de la Lune & des autres Etoiles; par là ils prevoyent les changemens des Saisons, des jours & des vents.

Leur adresse.

Ils joignent à ces lumieres l'adresse de faire des ouvrages aussi utiles que merveilleux; ils travaillent en certains païs à des nattes d'un tissu tres-fin, tant pour se couvrir eux-mêmes, que pour orner leurs cabannes: En d'autres endroits il y en a qui savent apprêter les peaux pour s'en faire des vestes ou des souliers; mais leur industrie excelle sur-tout dans

dans la construction de ces Ca- | Leur indu-
nots qui n'enfoncent jamais : ils | strie en
les fabriquent avec de l'écorce | la con-
d'orme, de noïer ou de sureau, | struct ō
longs de dix ou douze pieds, | des Ca-
larges à proportion, les bords | nots.
vers le milieu tournez en dedans en forme de gondole, pour les faire aller au lieu de rames ou d'avirons : ils se servent de deux battoirs comme des deux mains, avec quoi ils repoussent l'eau d'un côté & d'autre, ils appellent cela *nager*; & comme le Canot ne va qu'à fleur d'eau à cause de sa legereté naturelle, ils voguent tant en montant qu'en descendant avec une vitesse incroïable ; c'est par le moïen de ces legers vaisseaux, qu'ils parcourent ou remontent les fleuves les plus longs, qu'ils franchissent les courans les plus rapides, qu'ils affrontent même

B

les mers sans craindre les écueils ni les orages.

Leurs voïages par terre. Pour leurs voïages par terre, n'y aïant dans ces immenses deserts ni route certaine, ni sentier fraïé, ils se conduisent par quelques marques qu'ils gravent de distance en distance sur l'écorce des arbres; c'est à la faveur de ces indices, que les femmes mêmes vont quelquefois rejoindre leurs maris à la chasse, ou chercher dans le fond des bois le gibier qu'ils y ont laissé; Rarement le Sauvage se donne-t-il la peine de l'apporter; il charge sa femme du soin de l'aller chercher, de l'apprêter & de le boucanner.

Leur ménage. Je ne saurois me dispenser ici de faire une legere peinture de leur maniere d'agir, de se loger, de se couvrir, en un mot de leur ménage.

de l'Amerique Sept. 19

Pour leur logement, s'ils en ont, car il y en a beaucoup qui érrent dans les bois, & qui gîtent à l'avanture: s'ils ont un logement, ce ne sont que des cabannes faites de bousillage ou de branches d'arbres fichées en terre, entrelassées de fort près les unes des autres, réünies par en haut, ou recouvertes de feüilles ou de cannes: le dedans est pour l'ordinaire assez proprement natté; le plancher est ou le sol même de la terre, ou une espece de parquetage soutenu sur de gros troncs d'arbres, ou sur des pieux.

{Leur logement.}

Leurs lits sont aussi bâtis de quelques pieces de bois appuïées sur de grosses souches, & entourez de quelques claïes, la plûpart garnis de grosses peaux fourrées de laine, ou remplies de paille: pour couverture, ils ont

{Leurs Lits.}

B ij

des fourrures ou des nattes assez bien travaillées.

Leurs ustenciles de cuisine. Ils se font aussi des caves ou des huttes pour y garder leur bois, leur bled d'inde, ou leur provision ; toute leur batterie consiste en quelque espece de vaisselle ou de poterie qu'ils façonnent avec de l'argile, & qu'ils font ensuite recuire avec de la fiente de bœuf : Au defaut de moulins ils broient leurs grains & leurs bleds avec de grosses pierres rabboteuses, qu'ils tournent, à force de bras, l'une sur l'autre ; certaines pierres trenchantes leur servent de couteaux, à moins qu'ils n'en aïent par le commerce des Européans.

Leurs armes. Ils ont pour armes l'arc & la fléche ; l'extremité meurtriére du dard est garnie au défaut du fer, ou de quelque pierre, ou de quelque dent, d'une force & d'une dureté à tout fracasser; ils portent de grosses massuës, ou des bâtons pointus au lieu d'épées ou de hallebardes; ils savent se cuirasser avec des corcelets de bois, ou avec de grosses peaux mises les unes sur les autres, & se font des boucliers de même.

A l'égard des vêtemens, la plûpart ne s'en servent pas, & vont tout nuds; leurs corps sont accoûtumez & endurcis à toutes les injures de l'air, & leurs pieds insensibles aux cailloux & aux épines; il est vrai que les femmes par un reste de pudeur naturelle qui paroît au travers de leur brutalité, portent au dessus des reins une grosse ceinture d'où tombent deux peaux en forme de banderolle, qui voilent un peu leur nudité.

Leurs vêtemens.

Au dessus de Quebec & plus avant vers le Nord où les froids sont extrêmement âpres, les Sauvages sont couverts de peaux d'ours, de cerf ou d'élan, qu'ils cousent ensemble le mieux qu'ils peuvent; mais dans les climats les plus chauds, comme vers la Mer Mexique, la plûpart sont vêtus de certaines nattes tres-fines & tres-déliées, tissuës de leurs propres mains.

Soin du ménage partagé entre l'homme & la femme. Le soin du ménage se partage entre le mary & la femme : celui-ci se donne la peine d'aller chercher la provision, & de fournir à l'entretien de sa famille, soit par la chasse, soit par le trafic. La femme prend le soin de cultiver la terre, & de recüeillir ce qu'elle a semé. Quelquefois elle va glaner dans les bois, soit pour y choisir quelque herbe potagere ou quelque racine bonne à manger, soit pour en rapporter quelques fruits, comme figues, pommes, poires, melons, pêches, raisins, meures, & autres.

Dés que le Sauvage est de retour dans sa famille, il prend sa pipe, fume, & tout en fumant declare à demi-mot ce qu'il veut, ce qu'il a fait, ou gagné; s'il a tué quelque bête, il indique legerement l'endroit où il l'a laissée; sa femme comprend d'abord ce qu'il veut dire, s'en va & démêle parfaitement bien les routes qu'elle a tenuës. *Ce que fait un Sauvage au retour de la chasse.*

On remarque dans le Sauvage beaucoup de gravité & d'autorité; dans la femme beaucoup de souplesse & d'obéïssance; & comme ils ne suivent en tout ce qu'ils font que leur instinct & leur sensualité; leur maniere d'agir est toûjours sans fard & *Caractere des Sauvages.*

sans affectation, & l'on peut dire que l'union conjugale entre eux est moins l'effet d'une veritable amitié, que de cette inclination qui nous est commune a-avec les animaux.

Leur vie étant toujours dans l'action, toûjours dans les courses & dans les fatigues, on remarque que les femmes sauvages sont exemtes de ces incommoditez naturelles que les autres femmes souffrent ; mais ce qui doit le plus surprendre en elles, c'est qu'on pretend qu'elles accouchent sans douleur, du moins c'est sans aucun appareil, sans autre façon, chemin faisant ; tout leur trousseau n'est que leur propre ceinture, ou quelques peaux qu'elles portent en pareils cas.

Des femes sauvages.

La maniére dont elles élevent leurs enfans est assez extraordinaire,

naire, sans linge, sans langes; el- | Leur
les ont trouvé le moïen de les | maniere d'éle-
tenir mollement, & à couvert, | ver
bien propres, bien nets, sans | leurs
avoir presque besoin de les re- | enfans.
muer: Toute leur layette consiste en une espece de mâne ou de
huche pleine de poudre de ver
moulu; on sait qu'il n'est point
de duvet plus fin ni plus mol
que cette poudre, rien n'est en
même tems plus propre à con-
sumer les ordures & les humi-
ditez; Elles posent leur enfant
là-dessus, le couvrent bien proprement avec de bonnes fouru-
res, & le sanglent avec de fortes courroïes pour l'empêcher
de tourner ou de tomber; ensuite pour le changer elles n'ont
qu'à remuer cette poudre, & à
recoucher l'enfant; il est d'a-
bord à sec, & aussi mollement
qu'auparavant. Quand cette

C

poudre a suffisamment servi, elles la renouvellent & continuënt le même manége jusqu'à tant qu'elles l'aïent sevré.

Nourriture qu'elles leur dônent.

Elles continuënt ensuite de le nourrir avec leur boüillie de bled d'Inde : à peine peut-il se servir de ses mains & de ses pieds, qu'ils lui donnent un petit arc ; l'enfant s'accoûtume à tirer, & suivant son pere & sa mere dans les bois, il en apprend les routes, & prenant incessamment leur même train il s'abandonne enfin à ce libertinage si naturel à tous ces peuples, & se fait à cette vie sauvage, qui leur est commune avec les bêtes.

Je ne finirois point si je voulois ici expliquer toutes les coûtumes & façons d'agir de ces Sauvages ; ce que je viens d'en dire, suffit pour faire comprendre que leur intelligence est bornée aux seules necessitez de la nature ; qu'ils semblent s'être fait une loi de vivre sans loix ; étant nez dans les bois, leur plus forte passion est pour la chasse & pour les armes ; aussi ont-ils tous une ferocité naturelle, qui les anime sans cesse les uns contre les autres, & qui les porte à faire la guerre aux animaux, quand ils ne peuvent pas la faire aux hommes.

Inclination des Sauvages.

C'est au travers d'un nombre innombrable de ces Nations barbares que *M. de la Sale*, accompagné de trente hommes tout au plus, entreprit de pénétrer dans le milieu de ces spacieuses Provinces, & d'en traverser toute l'étenduë ; peut-être croira-t-on qu'il ne s'y engagea que tres-bien pourvû de tout ce qui pouvoit lui être necessaire dans un si long voïage. Ses meil-

M. de la Sale entrepréd avec 30. hômes d'entrer dans le païs.

C ij

leures munitions consistoient en poudre, en plomb & en armes. Il ne fit fonds pour sa bouche, que sur ce que le hazard de la chasse ou de la pêche lui pourroit fournir, & sur quelque peu de *Cassamite* & de lard pour le temps de sa navigation ; toute sa voiture ne fut au commencement qu'une barque & quelques canots. La plûpart du tems sur terre nous n'avions que des traîneaux, avec lesquels nous étions obligez de conduire nôtre équipage ; souvent même n'aïant ni Barque ni Canot nous nous vîmes reduits à passer des fleuves ou des rivieres sur des branches d'arbre entrelassées en forme de cayeu ; Pour tout guide au milieu de ces vastes deserts & de ces païs inconnus nous avions seulement la boussole ou le genie de nôtre conducteur, qui selon les diverses inclinations de l'aiguille aimantée, & par la science qu'il avoit des étoiles & des vents, connoissoit à peu prés le climat où nous étions, & se formoit au plus juste la route que nous devions tenir.

C'est avec ces foibles secours que nous parcourûmes ces vastes campagnes, tantôt forcez de combattre de petites Armées de Sauvages, qui faisoient mine de vouloir nous arrêter, ou plûtôt nous devorer ; tantôt & presque toujours en peine de nous défendre la faim; contre aprés un grand nombre de perils & de traverses nous eûmes la satisfaction de trouver la mer Mexique comme le terme de nôtre longue & dangereuse course ; nous eûmes même la consolation, aprés de tres-grandes afflictions, de revenir au terme d'où nous étions partis; mais avant que d'entrer dans le détail de toutes nos avantures, il faut dire d'abord que nous fûmes obligez de nous faire paſſage au travers de quatre grands Lacs, qui ſont autant de grands Golfes.

Lac ſuperieur. Le premier de ces quatre Lacs eſt ſur le 47. degré de latitude. On l'appelle *Lac Superieur*, autrement *Lac de Frontenac*; ſa traverſée eſt d'environ quatre-vingt lieuës, & il en a bien trois cent de circuit: il ſe joint avec un autre, nommé le *Lac Herié* ou de *Conti* par un canal de vingt lieuës, dont le courant ſe precipite dans le premier Lac par un ſaut de cent toiſes de hauteur; on appelle ce courant *le Saut Niagara*. Le Lac de *Conti* ſe communique, par un autre détroit tres-rapide, à un troisiéme nommé *des Hurons* ou *d'Orleans*: celui-ci se joint du côté du Sud par un détroit d'environ quinze lieuës, avec un quatriéme qu'on nomme le *Lac des Islinois*, autrement *Lac Dauphin*, & du côté du Nord avec le dernier & le plus grand de tous, qu'on appelle *Lac de Condé*: nous laissâmes celui-ci à côté, mais nous passâmes les quatre autres.

Ce fut le 18. Novembre de l'année 1678, qu'aprés un séjour de quinze jours au Fort de Frontenac, nous nous embarquâmes dans un Vaisseau de quarante tonneaux, pour faire le trajet du premier Lac; ce fut la premiere Barque qui ait jamais paru sur cette petite mer; nous eûmes toujours les vents contraires, & aprés une tres-

Embarquemēt de l'équipage.

perilleuse navigation d'un mois, nous nous trouvâmes à la hauteur d'un Village qui a nom *St. Onnontoüane*, où M. de la Sale envoïa quelques Canots chercher du bled d'Inde pour nôtre subsistance : nous continuâmes cependant à faire voile vers *Niagara* ; mais le courant étoit trop impetueux, & d'ailleurs les vents trop contraires pour en approcher de plus prés que de neuf lieuës ; ce qui nous obligea de débarquer à un bord assez commode, d'où nous allâmes par terre jusqu'à Niagara ; c'est un Village situé sur le Lac Conti, auprés du Saut de même nom, dans les Terres des Iroquois.

Iroquois.

Cette Nation la plus belliqueuse & la plus cruelle qui soit dans l'Amerique, s'étend depuis Montréal, ou plûtôt depuis le confluent de deux rivieres, qui forment le fleuve St. Laurent, jusqu'à l'extremité du Lac Conti, dans l'espace de plus de deux cent lieuës vers le Sud. Ce peuple jaloux de sa gloire, & de l'honneur de commander à tous les autres, dés qu'il sait qu'il y en a quelqu'un qui se rend plus puissant que les autres, ou par le nombre de ses combattans, ou par l'étenduë de ses terres, ne se fait pas une affaire de l'aller chercher jusqu'à deux ou trois cent lieuës pour le dompter, & pour le soumettre: Il est infatigable dans la peine, intrepide dans les dangers, d'une constance à l'épreuve de tous les supplices: il ne fait ni ne demande jamais quartier; il se nourrit du sang de ses ennemis, & joint à cette extrême cruauté toute la ruse, toute l'adresse,

& même toute la prévoïance qu'on peut souhaiter dans les plus grands Guerriers.

Reçoivent biē les François. Cette Nation toute intraitable, toute farouche qu'elle est, ne laissa pas de nous recevoir fort humainement : Nous couchâmes une nuit dans leur Village, & le lendemain nous allâmes à trois lieuës plus haut chercher un lieu propre à bâtir un Fort. Aprés en avoir trouvé un, M. de la Sale en fit le plan, en jetta les premiers fondemens ; aussi-tôt on y travailla avec diligence ; mais les Iroquois en aïant conçû de l'ombrage, nous jugeâmes à propos, pour ne pas nous attirer un si puissant ennemi, d'en interrompre la continuation ; mais seulement de fortifier par de bonnes palissades ce qu'il y avoit de fait.

M. de la Salle avoit déja don-

de l'Amerique Sept. 35

né ses ordres pour la construction d'une Barque ; la saison étoit avancée, le froid tres-rude, & les rivieres prises par tout : ces vastes étangs n'étoient plus qu'une grande campagne glacée, sur laquelle on pouvoit aller comme sur un marbre uni. Content d'avoir connu le terrain, il voulut aussi reconnoître les Habitans, & s'étant mis en état de les tenir en respect par son ouvrage à demi-fait ; il voulut, en attendant le Printems, emploïer le reste de l'hyver à ramasser des pelleteries, & toutes sortes de munitions pour fournir aux frais de son voïage. Ces raisons l'obligerent de s'en retourner à *Frontenac* sur les glaces ; il commanda auparavant quinze hommes pour aller chercher les Islinois, le devancer, *Islinois.* & lui preparer les voies : & me laissa pour Commandant à Niagara avec trente hommes & un Pere Recollet.

Dés le printems il y fit transporter de Frontenac toutes sortes de provisions & de marchandises par la Barque qui nous y avoit conduits; mais enfin le malheur voulut qu'aprés plusieurs trajets, la Barque périt auprés du rivage, par la faute du Pilote; on en sauva les meilleurs effets; cette perte fut reparée par le nouveau bâtiment qui se trouva achevé vers le commencement du printems.

M. de la Sale qui avoit l'empressement de revoir sa nouvelle Barque, & de renouveller ses liaisons avec les Iroquois, ne tarda pas à nous venir rejoindre. Il entra aussitôt en commerce avec eux, tâcha par toutes sortes de voïes de leur imprimer

de l'Amerique Sept. 37

de la crainte & du respect pour le Roi, s'accommoda de leurs meilleures marchandises, en remplit son nouveau magazin, & m'ordonna cependant d'aller à six-vingt lieuës de là reconnoitre les côtes & les terres qui sont au delà des Lacs vers le Nord-Est. Je m'embarquai dans un Canot avec cinq hommes; aprés deux jours de navigation, j'arrivai au détroit du Lac *Herié*: C'est un canal d'environ trente lieuës de long, par où ce Lac se joint avec celui des Hurons: j'allai prendre terre à un de ses bords du côté du Nord: étant là je m'informai aussitôt de nos gens; l'on m'apprit qu'ils avoient passé plus haut; le desir de les rencontrer me fit faire une reveüe exacte du païs; c'étoit une espece de presqu'Isle en forme de cœur compris entre ces trois

Lac Herié.

Lacs. Aprés avoir aſſez parcouru ces terres, je remontai dans mon canot, pour aller rendre compte de ma commiſſion à M. de la Sale, qui durant l'eſpace de mon petit voïage, étoit reparti pour Frontenac, où il porta de nouvelles marchandiſes, & d'où quelque tems aprés il rapporta de nouvelles proviſions & de nouveau monde à Niagara: Il y arriva le 7. Aouſt de l'année 1679. accompagné de trois Peres Recollets. Toutes ces courſes l'occuperent non ſeulement le Printems, mais une bonne partie de l'Eté: En cas de nouveaux établiſſemens ces frequentes reveuës ſont d'une neceſſité indiſpenſable ; non ſeulement elles affermiſſent les nouvelles poſſeſſions, mais encore elles fortifient dans un commencement d'habitation.

M. de la Sale, étant de retour à Niagara, difpofa tout pour la continuation de fon ouvrage : nous montâmes au nombre de quarante perfonnes dans fa nouvelle Barque vers la mi-Aouft, & aïant heureufement traverfé le Lac *Hérié*, nous entrâmes dans le Lac des *Hurons*, beaucoup plus grand que les deux premiers : nous emploïâmes le refte du mois à le parcourir à caufe du mauvais tems, & aprés y avoir effuïé la plus affreufe tempête qu'on puiffe éprouver dans les mers les plus orageufes, nous vînmes furgir à une rade de la contrée nommée *Miffilimachinac*, c'eft une efpece d'Ifthme d'environ vingt lieuës de large & de plus de fix vingt lieuës de long, fitué entre le Lac des Iflinois d'un côté, & les deux Lacs

Lac des Hurons

d'Orleans & de Conti de l'autre ; ce païs est aussi riche par l'abondance de la pêche, que par la bonté de son terroir.

M. de la Sale en fit une exacte reveuë, y trafiqua de peaux, jetta les fondemens d'un Fort, laissa le soin de le construire à quelques-uns de sa troupe, & m'ordonna de remonter en canot plus haut vers le Nord-Est, jusqu'à un détroit nommé *le Saut Sainte Marie*, tant pour voir, si je ne decouvrirois pas quelques-uns de ses deserteurs, que pour lui donner de plus amples lumieres touchant les terres qui sont au delà de ce Lac.

Saut Ste Marie. Ce Saut est un double canal qui se forme à la derniere pointe du Lac par deux branches, qui se separant l'une de l'autre, laissent dans le milieu une Isle d'une grandeur raisonnable, &
qui

qui venant à se réünir, forment un bras de riviere comme un torrent tres-rapide, par où le Lac des Hurons se joint avec le dernier plus spatieux que tous les autres. J'abordai bien-tôt sur une des côtes du Lac des Hurons prés du canal tourné au Nord; je découvris de-là un tres-beau Païs, & suivant toujours la côte, je poussai jusqu'à la riviere des *Outa*, qui sortant de ce Lac, va se jetter à plus de cent lieuës de-là dans le fleuve Saint Laurent. Le plaisir de parcourir un si beau rivage m'en faisoit oublier la peine, je vivois pendant ce tems-là, de la chasse plus que de mes munitions: aprés huit jours de course le long de ces côtes, je remontai dans mon canot, & aïant regagné la pointe du Lac, j'entrai dans ce bras d'eau qui re-

Riviere des Outa.

D

garde le Sud, & j'allai prendre terre à un bord qui n'en est pas loin. Là je découvris une grande plaine située entre le dernier Lac & celui des Islinois. Les Peres Jesuites y ont une tres-belle habitation.

Ce fut là que je joignis la plupart de nos deserteurs ; je les trouvai tous mal intentionnés, j'eus pourtant le bonheur de les ramener à leur devoir, en les obligeant de me suivre.

Cependant M. de la Sale, s'étant rembarqué, & aïant levé l'ancre à *Missilimachinac* vers la fin du mois de Septembre ; traversa le canal qui va du Lac des Hurons au Lac des Islinois, & aïant passé ce dernier Lac, il alla aborder à la Baïe *des Puans* vers le 8. d'Octobre.

Baïe des Puans. Cette Baïe n'est qu'un regonflement du Lac des Islinois, causé par l'embouchure d'une grosse riviere, nommée *Onisconcing*, qui prend son origine d'un assez grand Lac, à cent lieües de là : Ce qu'il y a de merveilleux en ceci, c'est que de ce Lac sort, par son autre extremité, une autre Riviere qui se jette dans le fleuve *Mississipi*, ainsi il peut être regardé comme un Lac de communication entre les deux grands Golfes de la mer du Canada & de la mer Mexique, comme il est aisé de le voir en jettant les yeux sur les cartes.

M. de la Sale, aprés avoir débarqué sur le rivage de cette Baie, prit de nouvelles mesures, & renvoya sa Barque chargée de pelleteries à *Niagara*, ensuite il s'embarqua avec dix-sept personnes & un Pere Recollet, en divers Canots, & aprés avoir côtoyé la plus grande partie du Lac des

D ij

Islinois, il vint aborder le 1. de Novembre de l'année 1679. prés de l'embouchure de la petite riviere des *Miamis*.

Païs des Miamis Ce païs situé entre le 35. & le 40. degré de latitude, confine d'un côté à celui des Iroquois, & de l'autre à celui des Islinois à l'orient de la Virginie & de la Floride : il est tres abondant en toutes choses, en poissons, en bétail, & en toute sorte de grains & de fruits. M. de la Sale en visita les Habitans, sonda leur esprit qu'il trouva traitable ; tâcha de les gagner par sa douceur, & par ses presens ; les accommoda de ses marchandises, profita des leurs, leur fit concevoir par le moïen de son negoce, le peu d'assurance qu'il y avoit pour eux, tant avec les Iroquois, qu'avec les Anglois ; & les ayant assuré de la protection puissante du Roi, il les porta à une soumission volontaire aux loix de nôtre grand Monarque: Cependant ayant reconnu que ce peuple étoit inconstant, infidéle, incapable de se soutenir par lui-même, mais propre à se laisser toujours entraîner par le plus puissant, il crut devoir y bâtir un Fort; tant pour affermir l'autorité du Roi, que pour s'y faire une habitation solide, qui lui tint lieu en même tems d'un petit arsenal & d'un honnête magasin. Le plan de ce Fort fut bientôt dressé, & son dessein executé en tres-peu de tems sur le bord de la petite riviere des *Miamis*, qui se jette dans le Lac des Illinois.

<small>Naturel de ce peuple.</small>

Cependant l'impatience que j'avois de rejoindre M. de la Salle avec les quinze hommes, que j'avois retrouvez, me faisoit pousser à toutes voiles vers les mêmes bords où il étoit; mais le défaut de vivres & les vents contraires s'opposant à mes efforts, m'obligerent de relâcher à trente lieuës de-là, tant pour tâcher d'y trouver de quoi satisfaire à la faim, que pour laisser un peu calmer l'orage. Dés que nous fûmes à terre, le premier secours qu'elle nous offrit, fut une tres-grande abondance de gland, ensuite quelques cerfs s'étant presentés on en tua deux, & j'eus la consolation de voir mes gens se rafraîchir; ils étoient si fatigués, que je ne pûs jamais les resoudre à se rembarquer le même jour. Pour moi je preferai à mon repos le soin d'aller au milieu de la tempête chercher nôtre Commandant.

Je quittai mes gens aprés leur

avoir promis de revenir bien-tôt vers eux pour les ramener à M. de la Sale. Je revins donc à la voile, & malgré toute la fureur des vagues, j'eus le bonheur de rejoindre M. de la Sale, aprés six jours de tourmente; Je lui rendis un compte fidele de mon expedition & de mes découvertes; il me témoigna en être assez content, mais il me dit qu'il l'auroit été beaucoup davantage, s'il avoit vû ses gens avec moi.

Ces dernieres paroles me parurent un commandement: Je pris dés ce moment congé de lui, & apres m'être fort legerement rafraîchi, je repassai dans mon Canot. A peine fus-je avancé environ quinze lieuës vers ces bords où j'avois laissé mon monde, qu'aussi-tôt, comme si le Ciel eût voulu pour jamais me separer d'avec ces perfides, je fus accüeilli de la plus furieuse tempête, qu'on puisse essuïer sur les plus grandes mers; nôtre canot balotté par les vents & par les vagues, tantôt élevé dans les airs, tantôt précipité dans les abîmes, ne laissoit pas de se soutenir toûjours sur son fond sans tourner; mais un coup de vent l'aïant tout d'un coup renversé, nous ne sûmes où nous étions: La violence du mal étoit au dessus de l'art & de nos forces, lors qu'un second coup releva nos esperances, en redressant nôtre petit vaisseau, & nous porta dans un moment sur la rade où nous nous jettâmes à corps perdu : ainsi nous voïant garantis de la tempête par la tempête même, nous continuâmes par terre nôtre voïage, & le Pilote & moi tirant nôtre Canot & nôtre équipage sur des traîneaux,

neaux, nous arrivâmes le lendemain à l'endroit où nous avions laissé nos gens. Nous emploïames le reste de la journée à les rallier, le calme étoit revenu sur les flots, & nôtre petite mer nous presentoit une navigation tranquille & commode; nous nous y rengageâmes tous ensemble, & en moins d'une journée nous vînmes moüiller au pied du Fort où M. de la Sale nous attendoit. C'étoit vers la fin du mois de Novembre de la même année.

M. de la Sale nous reçut avec une entiere satisfaction, il avoit compté sur cette petite recrûë, comme sur un secours necessaire pour avancer ses affaires, & pour achever sa traitte; cependant ce furent ces malheureux qui contribuerent le plus à le ruiner & à le perdre. Tel est l'a-

E

veuglement des hommes, de fonder le plus souvent leurs esperances sur ce qui dans la suite est l'unique source de leur malheur.

Nôtre conducteur aïant en moins de deux mois tres-bien fait ses affaires en ce païs, mit son nouveau Fort en état de défendre l'entrée du Lac, & de tenir en bride ses voisins; aïant d'ailleurs rempli son magasin de tres-bons effets, & gagné les principaux de la Nation. Pour retenir les autres dans l'obéissance, il resolut de pousser jusques chez les Islinois à plus de cent lieuës du port où nous étions. Pour penetrer dans le cœur de cette Nation, il faloit gagner à 40. lieuës de là le portage de la riviere des Islinois, qu'on a depuis appellée *Lac de Segnelai*. Elle prend sa source

Riviere des Ill.nois.

d'une éminence à six lieuës du Lac des Islinois, & va se jetter aprés deux cent lieuës de cours, dans le fleuve *Mississipi*, qu'on a depuis appellé *Fleuve Colbert*.

Nous partîmes de cette contrée des Miamis au commencement de Decembre, aïant seulement laissé dix hommes dans le Fort pour le garder. Il falut conduire nôtre équipage & nos canots par des traîneaux. Aprés quatre journées de traite nous nous trouvâmes sur un des bords de cette riviere tres-navigable ; nous nous y embarquâmes au nombre de quarante personnes sans compter trois Peres Recollets. Nous la descendîmes à petites journées, tant pour nous donner le tems de reconnoître les habitans & les terres, que pour nous fournir de gibier ; il est vrai que tous ses bords sont aussi charmans à la veuë, qu'utiles à la vie; ce ne sont que vergers, bois, prairies; tout y est rempli de fruits, en un mot on y voit une agreable confusion de tout ce que la nature a de plus delicieux pour la subsistance des hommes & pour la nouriture des animaux.

Cette varieté si agreable qui entretenoit nôtre curiosité, nous faisoit aller lentement : enfin aprés six mois de navigation, nous arrivâmes sur la fin de Decembre à un Village des Islinois, nommé *Pontdalamia*, de plus de cinq cent feux; ce lieu nous aïant paru vuide & abandonné, nous y entrâmes sans resistance; toutes les maisons en étoient ouvertes & à la discretion des passans : Les bâtimens n'étoient que d'une charpente grossiere

Village des Islinois abandōné.

avec de grosses branches d'arbres, recouvertes de diverses pieces d'écorce; le dedans assés proprement natté, tant par terre que par les côtés: chaque maison contenoit deux appartemens capables de loger diverses familles; au dessous il y avoit des caves, dans lesquelles étoit renfermé leur blé d'Inde; nous y en trouvâmes quantité, & comme les vivres commençoient à nous manquer, nous en fîmes nôtre provision.

De-là aïant poursuivi nôtre voïage jusqu'à trente lieuës plus bas, nous nous vîmes tout d'un coup au milieu d'un étang d'environ sept lieuës de tour; nous y pêchâmes de tres-bon poisson, & nous laissant insensiblement conduire au courant de l'eau, nous retombâmes bien-tôt dans le lit de la riviere. A peine y fûmes-nous rentré, que nous nous trouvâmes entre deux camps: tous les Sauvages s'étant partagés en deux corps d'armée, campés d'un côté & d'autre du rivage: Dés qu'ils nous eurent apperçûs, ils coururent aux armes, & aprés avoir renvoïé leurs femmes dans les bois, ils se rangerent en bataille, comme s'ils avoient voulu nous attaquer. De nôtre côté nôtre petite flotte se mit en difposition de se bien défendre. Les Illinois étonnés d'une si fiere contenance, & d'ailleurs plus portés à repoufler la guerre qu'à la commencer, se contenterent de nous demander qui nous étions; nous leur fîmes entendre par nos truchemens, que nous étions *François*, que nous n'étions venus-là, que pour leur faire connoître le vrai Dieu du Ciel & de la Terre,

[marginal notes: Illinois se rangent en bataille. — Leur demande & réponse que leur font les François.]

& pour leur offrir la protection *du Roi de France* ; Que s'ils vouloient se soûmetre à son obéïssance, c'étoit l'unique moïen de se rendre heureux, & de se metre à couvert des insultes de leurs ennemis ; qu'aïant en abondance tous les biens de la terre, il ne leur manquoit que l'art de s'en servir utilement ; que nous étions prets de leur faire part de nôtre industrie, pourvû qu'ils voulussent entrer dans nôtre commerce & dans nôtre societé. Ils reçurent nos offres & nos propositions, non comme des Sauvages, mais comme des hommes tout-à-fait civilisez : Nous aïant donné des marques tres-respectueuses de leur veneration pour nôtre auguste Monarque, ils nous presenterent le *Calumet* : c'est, comme nous avons déja dit, le signal de la paix parmi tous ces peuples, ils se servent des termes de *chanter* ou *danser le Calumet* : on le chante, lors qu'au pied d'un pieu, ou d'un bâton fiché en terre, chacun vient apporter les dépoüilles de ses ennemis en forme de trophée, & raconter ses exploits guerriers : On le danse lors qu'aprés toutes ces harangues, on fait des danses tout au tour.

Pendant qu'ils faisoient toutes ces ceremonies, nous ne manquâmes pas de répondre de nôtre côté à leur demonstration de joïe par des presens & par des assurances d'une amitié inviolable : Nous leur païâmes leur blé d'Inde en outils ou en eau de vie ; convaincus par-là de nôtre bonne foi, ils voulurent fortifier leur nouvelle union avec nous par de bons festins à leur maniere : ils firent revenir leurs fem-

Bons traitemens qu'ils leur fôt

mes & leurs enfans ; leurs chasseurs revinrent chargés de gibier ; on travailla d'abord aux apprefts d'un grand repas : on y étala le bœuf & le cerf boucanné ; ce fut un ambigu merveilleux de toutes fortes de gibier & de fruits ; l'eau de vie n'y fut point épargnée de nôtre part ; pendant deux ou trois jours ce ne fut que joïe & que feftins, mais au milieu de tous ces divertiffemens deux ou trois décharges de nôtre artillerie infinuerent dans leurs efprits, avec ces commencemens d'amitié, quelque refpect mêlé de terreur pour nos armes ; ils nous careffoient, mais ils nous craignoient en même tems ; nous faifions de nôtre part tout ce que nous pouvions pour les affermir dans leurs bons fentimens ; chacun de nous fe fit parmi eux des focietez agréables : nous nous traitions tous d'amis, de compagnons, de freres, quelques-uns même des nôtres furent adoptez par des Principaux d'entre eux, si bien qu'au travers de cette inconstance commune à tous les Peuples Ameriquains, nous reconnûmes en ceux-ci beaucoup d'humanité, & une tres grande disposition au commerce de la société civile.

Caractere des Islinois. En effet ce sont des hommes caressans, flateurs, complaisans au dernier point, mais aussi fort rusez, adroits, vifs, prompts & souples à toutes sortes d'exercices; il sont tous fort bien faits, robustes, de belle taille, & d'un teint basanné; leur passion pour les bois & pour la chasse les rend extrémement libertins, & tout-à-fait indociles : ils sont fort ardents pour les femmes, &

encore plus pour les garçons, aussi deviennent-ils tous presque efféminez par leur trop grande mollesse, & par leur abandonnement au plaisir, soit que ce soit le vice du climat, soit que ce soit un effet de leur imagination pervertie. On remarque parmi eux un grand nombre d'*Hermaphrodites*. Ce qu'il y a de merveilleux en ceci, c'est que malgré ce malheureux penchant qu'ils ont pour ce vice infame, ils se sont fait de tres severes loix pour le punir : dés qu'un garçon est prostitué, il est dégradé de sa qualité d'homme, on lui défend d'en porter l'habit & le nom, d'en faire la moindre fonction ; la chasse même lui est défenduë, on le renferme dans le rang & dans l'occupation des femmes ; celles-ci le haïssent autant que les hommes le méprisent, si bien que ces malheureux se voïent en même tems le rebut & l'opprobre de l'un & de l'autre sexe. C'est ainsi que reconnoissant eux-mêmes leur brutalité naturelle, ils y savent mettre un frein, & que tout libres & independans qu'ils sont, ils se mettent au-dessus de leur propre sensualité par un effort de leur raison. C'est aussi pour assouvir leur fureur qu'ils se permettent de prendre plusieurs femmes; mais afin d'entretenir la paix dans leurs familles, ils épousent les sœurs, ou les parentes, & le mari sert d'un nouveau nœud entr'elles pour redoubler les liaisons du sang; ils en sont extrémement jaloux, & s'ils les surprennent dans la moindre infidelité, ils les défigurent & les punissent tres-cruellement. Les femmes & les garçons effeminez y travaillent une tres-fine & tres-belle natte, dont ils tapissent le dedans de leurs cabannes. Pour ce qui est des hommes, les uns y vont à la chasse, les autres défrichent la terre, la cultivent pour y semer du blé d'Inde, & en recüeillent de fort bons fruits. Leur contrée est le long de la riviere qui porte leur nom : ils sont dispersez en plusieurs Villages, ils étoient environ dans celui-ci au nombre de quinze cent, tant de l'un que de l'autre sexe, tant jeunes que vieux, & on y pouvoit compter cinq cent combattans.

Occupation des hômes.

M. de la Sale aïant reconnu l'étenduë & les forces de cette Nation, crut devoir les fixer dans l'obéïssance & dans la soûmission par une espece de Fort qu'il fit dessein de bâtir sur une hauteur prés de la riviere; il fit fon plan, il donna ses ordres, on y travailla auffi-tôt; & comme les matereaux & les hommes ne lui manquoient pas, le bâtiment fut en peu de tems fort avancé. Cependant n'apprenant aucunes nouvelles de la Barque qu'il avoit renvoiée du Lac des Illinois à Niagara, richement chargée, il en étoit beaucoup en peine, & la douleur qu'il en conçut jointe au chagrin que lui cauſoit l'impatience & la malice de ſes gens, le conſumoit à veuë d'œil, mais renfermant ſes chagrins au dedans de lui-même, il ſe contenta de les faire éclater par le nom de *Crevecœur*, qu'il donna à ſon nouveau Fort.

Juſques-là nous ne pouvions nous plaindre du Ciel ni de la fortune ; nous avions heureuſement pouſſé nos decouvertes jusqu'à cinq cent lieuës au de là du Lac appellé *Frontenac*, & nous avions soutenu par d'assez bons Forts les divers établissemens que nous avions faits en plusieurs contrées. La plupart des Sauvages s'étoient volontairement rangez sous nos loix, & les moins traitables d'entre eux nous avoient laissé tranquillement pousser nos progrés ; car nous ne trouvâmes point d'autres ennemis que nous-mêmes, & ce fut dans nos dissentions que nous rencontrâmes la source de nos plus grandes disgraces.

La plupart de nos gens, fatiguez des longueurs d'un voïage dont ils ne voïoient point la fin, & rebutez de traîner une vie vague au travers des bois & des terres incultes, toujours parmi les bêtes, ou parmi les Sauvages, sans guide, sans voiture, & la plupart du tems sans vivres, ne pouvoient s'empêcher de murmurer contre le chef, ou l'auteur d'une si fatigante & si perilleuse entreprise. M. de la Sale à la penetration de qui rien ne pouvoit échapper, n'entrevit que trop leurs mécontentemens & leurs mauvaises intentions; il n'oublia rien pour en prévenir les suites; les promesses, les bons traittemens, la gloire, la raison, l'éxemple des établissemens faits par les Espagnols dans l'Amerique, tout fut mis en usage pour remettre les esprits dans une bonne situation, & pour les tourner du bon côté, mais tout cela fut inutile, rien ne fut capable de les gagner, les caresses, les conseils, les raisonnemens ne faisoient que les irriter davantage. Quoi, *se disoient-ils*, serons-nous toujours les esclaves de

Mécontentement parmi les François.

de ſes caprices, toujours les duppes de ſes viſions, & de ſes folles eſperances? Faut-il que les peines que nous avons eſſuïées juſqu'ici, nous ſoient un engagement pour en ſouffrir de nouvelles? Que ſous pretexte qu'un barbare nous tient ici tranſplantez dans un nouveau Monde, il nous traîne dans une ſuite perpetuelle de fatigues & de miſeres? Que nous revient-il de toutes nos courſes, qu'une eſpece d'eſclavage, qu'une malheureuſe indigence, & qu'un épuiſement entier de nos forces? Qu'eſperons-nous gagner quand nous ſerons arrivez aux extremitez de la Terre? Nous y trouverons des mers inacceſſibles, & nous nous verrons enfin forcez de revenir ſur nos pas auſſi vuides & auſſi miſerables que nous le ſommes à preſent. Prévenons un ſi grand malheur, & tandis que les forces nous restent, servons-nous-en pour regagner les païs que nous avons quittez ; separons-nous d'un homme qui nous veut perdre en se perdant lui-même ; abandonnons-le à ses recherches aussi penibles qu'inutiles. Mais quel moïen de pouvoir lui échaper ? il s'est fait de tous côtez des intrigues, des intelligences ; il a des forces, & des richesses qu'il ne doit qu'à nos peines & à nos travaux ; si nous le quittons, il saura bien-tôt nous r'attraper & nous punir ensuite comme deserteurs ; d'ailleurs où aller sans provisions, sans aucuns effets, sans aucune ressource ? faisons mieux, coupons l'arbre & la racine, finissons nos miseres par la perte de celui qui les cause, & profitons par sa mort des fruits de nos courses & de nos peines. Voilà par quels discours ces esprits mécontens se préparoient & s'excitoient eux-mêmes au plus detestable complot que la rage puisse inventer. Mais soit que l'horreur du crime, soit que la crainte du suplice les arrêtât, ils ne purent d'abord se déterminer à un attentat si horrible; ils prirent le parti de porter ce peuple inconstant à un soulevement general contre lui pour le faire perir par leurs mains, & recueillir par ce moïen le fruit du crime, sans paroître y avoir aucune part.

Ils crurent donc devoir les surprendre par de fausses confidences jointes à tous les faux-semblans de la plus sincere amitié: ils leur dirent qu'ils étoient trop sensibles à leurs bons traitemens, pour n'être pas touchez du peril qui les menaçoit; qu'ils croioient

Artifice des mécontens

être obligez par toutes sortes de devoirs de les avertir que M. de la Sale étoit entré dans de tres-forts engagemens avec les Iroquois, leurs plus grands ennemis; qu'il ne s'étoit avancé jusques dans leurs terres, que pour reconnoître leurs forces; que s'il avoit bâti ce Fort, ce n'étoit que pour les tenir en bride; que le voïage qu'il meditoit pour Frontenac, n'étoit que pour aller avertir les Iroquois de la disposition où ils étoient, & pour les presser même à venir faire une prompte irruption sur eux, afin qu'unissant leurs forces avec les siennes, ils pussent plus facilement ensemble envahir de leurs biens, les reduire à l'esclavage, & partager entre eux leur butin & leurs conquêtes; C'est à vous maintenant, *leur dirent-ils*, à prendre vos mesures & à profiter des avis que nous vous donnons.

Jugez quelle impreſſion firent de pareils diſcours tenus par nos gens mêmes, ſur des eſprits foibles, legers & credules. Auſſitôt des murmures ou des bruits ſourds ſe répandirent parmi ce Peuple ſoupçonneux ; nos grandes ſocietez ſe rompirent, les défiances & les refroidiſſemens ſuccederent aux empreſſemens de ſe voir. En un mot les Iſlinos conçurent une inimitié générale contre nous, mais ſurtout contre nôtre Chef qu'ils regarderent dés-lors comme leur ennemi capital, & dans la perte duquel ils mirent toute leur eſperance.

M. de la Sale ne manqua pas de s'appercevoir d'un ſi grand changement & de l'extrême danger où il étoit, craint ou plutôt haï des siens, & d'ailleurs exposé à la fureur d'un peuple barbare; mais il ne pouvoit augurer d'où venoit un si grand changement; il tâcha de sonder les esprits, il pressa, il conjura les uns & les autres, il leur fit entendre qu'il n'étoit ni juste ni raisonnable de prendre légérement l'épouvante, & de rompre sans fondement avec des gens avec qui on étoit entré en de si grandes liaisons.

Les Islinois se rendant à ses raisons, lui declarerent que c'étoit de ses gens mêmes qu'ils venoient d'être informez de son intelligence avec les Iroquois, & qu'ils n'avoient pû se défendre de tomber en de pareils soupçons aprés de telles ouvertures.

Perfidie des traîtres découverte.

M. de la Sale leur fit d'abord toucher au doigt la malice & la perfidie de ses gens qui ne cherchant qu'à se defaire de lui sans infamie & sans danger, tâchoient d'emploïer des Etrangers pour le perdre; il leur fit concevoir le peu d'apparence qu'il y avoit, de son union avec une Nation aussi perfide, que celle des Iroquois; qu'il y alloit non seulement de la gloire de son Prince, mais de l'interêt même de toute la Nation Françoise de faire une telle societé; Quelle seureté, quelle gloire pour lui de s'associer avec des sauvages, avides du sang humain, sans foi, sans loi, sans humanité, & qui enfin ne suivent que leur interest & leur brutalité? qu'au surplus il avoit declaré fort sincerement ses sentimens à toute la Nation Illinoise, qu'il n'étoit venu que pour leur faire connoître le vrai Dieu, & pour leur offrir la protection d'un Roi dont le seul nom pourroit les maintenir dans la paisible possession de leurs biens & de leurs terres. L'assurance & la sincerité dont il accompagna ses discours, dissipa leur défiance, rassura les esprits, & remit le calme dans toute cette multitude tumultueuse.

Mais à peine ce mouvement fut-il appaisé, qu'on en vit aussitôt renaître un autre beaucoup plus dangereux que le premier, par l'arrivée d'un nommé *Mausolea*, secret Emissaire des Iroquois, de la Nation voisine des *Mascoutans*, homme fin, éloquent & seditieux. Cet homme venant sous le nom d'ami, & comme député de sa Nation, prit à dessein l'entrée de la nuit pour s'introduire plus secretement dans le camp des Illinois, & pour

Arrivée de Mausolea chez les Illinois.

pour avoir le tems de mieux ménager ses pratiques, ou de mieux conduire sa negociation; d'abord il visita les uns & les autres, & *Ses in-* après avoir attiré dans ses inte- *trigues.* rests ses plus affidez, il convoqua les plus considerables, ensuite pour autoriser son ambassade, il fit divers presens, & de- *Ses dif-* clara à toute l'Assemblée le mo- *cours.* tif qui l'amenoit vers eux : il leur representa que ce n'étoit pas seulement l'interest commun de tous les Peuples de l'Amerique, mais celui de toute leur Nation & de la sienne, qui avoit engagé son peuple à l'envoïer vers eux pour deliberer ensemble sur le danger commun qui les menaçoit ; Qu'ils étoient tres-bien informez que les François n'étoient venus dans leurs Terres, qu'en vûë de subjuguer tous les peuples de l'Amerique

G

Septentrionale jufqu'à la Mer Mexique : Que pour parvenir à leurs fins ils ne prétendoient pas feulement fe fervir de leurs forces, mais de celles des Ameriquains mêmes; Que nous avions afsurément contracté de fecrettes alliances avec les Iroquois, leurs ennemis communs ; Que ce Fort que nous avions conftruit fur leur riviére, n'étoit qu'un commencement d'une tyrannie & d'une domination ufurpée, en attendant que nous puffions achever nôtre conquête par la defcente de nos Confederés ; Qu'ils n'avoient qu'à prendre leurs précautions, ou plûtôt que s'ils attendoient que nous fuffions tous unis, il ne feroit plus tems, & que le mal feroit fans remede; mais que tandis que nous étions en fi petit nombre, & qu'ils étoient les plus forts, il leur feroit aisé de nous accabler, & de se mettre à couvert de nôtre prétenduë conjuration. C'est par ces sortes d'avis que *Mausolea* machinoit nôtre perte dans l'esprit de ce peuple crédule, & tous ces discours avoient d'autant plus de poids & de force, qu'ils convenoient parfaitement avec ceux que nos François leur avoient déja tenus. Telle fut l'adresse & la politique des Iroquois pour nous troubler dans nos établissemens, & pour tâcher de s'emparer des terres des Islinois ; ils se garderent bien d'emploïer quelqu'un de leur Nation, ils n'auroient pas manqué de donner par-là quelqu'ombrage aux Islinois; ils susciterent leurs voisins pour jetter chez-eux des soupçons contre nous, & tenterent de nous perdre par les mains de nos Alliez, afin de pou-

Adresse des Iroquois.

voir enfuite plus facilement détruire les autres. Cependant toute la nuit fe paffa en confeil, en deliberation ; on y confpira nôtre ruine, M. de la Sale qui fe repofoit fur l'apparence d'une parfaite reconciliation, ne favoit rien de ce qui fe paffoit : Impatient de mieux cimenter les nœuds de fa réunion, il fe leva dés la pointe du jour, & s'en alla dans le camp des Iflinois, accompagné de fes plus fideles amis ; Il ne vit de tous côtez que divers attroupemens, qu'un tumulte univerfel ; loin d'y rencontrer cet accueil favorable qu'on lui faifoit auparavant, ce n'étoit par-tout que vifages glacez, qu'un morne filence à fon approche, ou plutôt qu'un murmure menaçant, quelques-uns même lui tournoient le dos, & ne le regardoient qu'avec des yeux pleins de colere & d'indignation. Surpris d'une telle revolution, il ne fait que penfer, ni même à quoi fe refoudre, ou s'il ira fe retrancher dans fon Fort, ou s'il tâchera d'entrer en de nouveaux éclairciffemens ; mais ne pouvant fouffrir l'incertitude, ni fe relâcher dans les occafions les plus perilleufes, il s'avança dans le gros de l'affemblée, & comme il parloit un peu la langue des Sauvages, il s'adreffa aux principaux de la Nation : Hé quoi ! *leur dit-il*, mes amis, fera-ce toujours à recommencer ? Vous verrai-je toujours dans des défiances perpetuelles ? hier au foir dans le calme, & dans une fituation paifible ; aujourd'hui dans l'allarme, dans la fureur, prêts à vous foulever contre moi : On me fuït, on me regarde avec des yeux menaçans,

Difcours de M. de la Sale aux Ifinois.

je vous vois affemblez par troupe, que s'eft-il paffé de nouveau depuis hier au foir, de ma part, pour vous porter à un fi grand changement? ou plutôt par quelle impofture, & par quelle fuppofition m'a-t-on noirci dans vos efprits, pour alterer cette amitié fincere dont vous m'avez donné jufqu'ici tant de marques obligeantes? Declarez-vous, je vous prie, je me livre entre vos mains, & je confens d'être vôtre victime fi vous pouvez me convaincre d'avoir machiné la moindre chofe contre le bien de vôtre Nation. Ces Barbares à demi perfuadez par fa contenance & par fa fermeté, ne tarderent pas à lui montrer *Maufolea*, deputé de la part des Mafcontans, pour les informer de fes pratiques & de fes conventions avec les Iroquois.

Aussi-tôt M. de la Sale s'adressant à *Mausolea* ; Quels témoins, quels indices, quelles assurances avez-vous, vous & vôtre Nation, de mes liaisons avec un peuple aussi barbare, aussi perfide que celui dont on me parle ? Où sont mes secrets Emissaires envoïez vers ces peuples pour m'en convaincre ? Quels témoignages avez-vous contre moi ? faites vos efforts pour me prouver cette prétenduë trahison, je ne demande pas mieux.

Mausolea pressé par une si vive réponse, ne manqua pas de lui faire entendre que dans des occasions où il y va du salut ou de la perte de tout un Peuple, il n'est pas toujours besoin de preuves pour convaincre les gens suspects ; que les moindres apparences suffisent pour obliger les personnes bien sensées à prendre leurs

M. de la Sale s'adresse à Mausolea.

Ce que Mausolea lui repartit.

G iiij

précautions contre de pareilles entreprises ; que comme toute l'adresse des esprits seditieux & turbulens consiste à bien dissimuler leurs projets, toute la prudence des bons politiques consiste à les prevenir ; que dans cette rencontre, tant ses negociations passées avec les Iroquois, que celles qu'il étoit prêt de renouveller avec eux dans le voïage qu'il meditoit pour Frontenac ; que ce Fort bâti sur la riviere des Illinois, n'étoient que des témoignages trop convaincans du dessein dont on le soupçonnoit, & qu'il n'en faloit pas davantage pour obliger leurs Nations à se tenir sur leurs gardes, & à se mettre à couvert des embûches de ceux qui vouloient les perdre. Vous avez raison, *lui-dit d'abord M. de la Sale*, il est bon de prendre

M. de la Sale reprend la parole.

ses précautions contre ceux qui veulent nous détruire ; il faut donc que les Islinois se précautionnent contre les Iroquois, & non pas contre nous, qui ne sommes venus que pour les protéger, que pour les maintenir dans leurs terres, & que pour unir enfin tous les Peuples de l'Amerique septentrionale sous l'Empire du Roi des François. Puis s'adressant aux Islinois, Vous n'avez que trop souvent éprouvé, *leur dit-il*, l'avarice & la cruauté de cette Nation toujours avide de vôtre sang & de vos biens ; nous prétendons mettre un frein à leur orgueil, & reduire ces barbares à vivre avec vous comme vos égaux, & non pas comme vos tyrans ; ils ont déja subjugué les *Miamis*, les *Quiaquous*, les *Mascontans* ; ils ont fait de tous leurs voisins autant

S'adresse aux Islinois.

d'esclaves, ils veulent en faire autant de vous, mais ils n'oseront l'entreprendre tant qu'ils nous verront unis ensemble. Leur premiere veuë est de nous perdre pour vous détruire ensuite plus facilement vous-mêmes ; c'est pour cela qu'ils voudroient rompre nôtre union pour mieux surprendre vôtre credulité, ils vous font aujourd'hui donner des avis par les *Mascontans* vos voisins. Profitez de leur exemple plutôt que de leurs discours, & ne vous laissez pas entraîner par vôtre facilité dans l'esclavage où ils sont tombez eux-mêmes par leur foiblesse. On veut me rendre suspect de quelque intelligence particuliere avec les Iroquois par le commerce que j'ai eu avec eux : tout ce commerce ne s'est terminé qu'à negocier quelques pelleteries; j'ai tâché ensuite de les brider par le Fort de Frontenac, & par celui des Miamis, & je n'entrerai deformais en focieté avec eux qu'autant qu'ils fe foumettront aux loix de nôtre augufte Monarque; fans cela point de paix, point de trêve avec cette Nation: D'ailleurs foïez perfuadez que fi je fais quelques liaifons avec certains Peuples, ce ne fera pas avec les plus forts pour opprimer les plus foibles, mais plutôt avec les plus foibles, pour dompter les plus forts & les plus entreprenans. On me fait un crime de ce Fort que j'ai bâti fur vôtre riviere, hé comment pourvoir à la fureté des peuples que par ces fortes de remparts, qui les mettent à couvert des infultes de leurs ennemis? Si ce font des défenfes pour appuïer l'autorité desSouverains, ce sont aussi des asiles pour le Peuple, & des lieux d'assurance pour tout ce qu'il a de plus cher dans les perils les plus grands; c'est la conduite que nous avons tenuë jusqu'ici, & celle que nous pretendons tenir dans tout le cours de nos découvertes : Elle n'a rien de violent, rien de tyrannique; en tâchant de nous établir, nous ne voulons que vous procurer un entier repos; en vous proposant de vivre sous le gouvernement de nôtre Prince, nous voulons plutôt vous asurer dans vos possessions, que vous les ravir. Tant que vous menerez cette vie vague, sans foi, sans regles, sans limites; tantôt dans une contrée, tantôt dans une autre, chacun faisant un Peuple à part, & voulant avoir l'avantage sur son voisin, vous courrez les uns sur les autres, vous vivrez toujours exposez à de nouvelles incursions, toujours dans les pertes, dans les invasions, & dans le carnage, au lieu qu'étant réünis sous la loi d'un même Maître, vous vous entretiendrez tous dans une heureuse societé ; les plus forts seront arrêtez, les plus foibles secourus par l'autorité roïale, & vivant tous sous les mêmes loix, nous vous ferons part de nos richesses, comme vous nous faites part des vôtres ; nous vous ouvrirons le commerce de nos terres, & nous ne serons parmi vous que pour être le nœud de la paix, de la concorde & de l'amitié. Voilà quelles sont nos intentions, c'est à vous à les accepter ou à les refuser, à voir si vous devez vous défier de nous comme de vos ennemis, ou nous regarder plutôt comme vos freres, & vos fideles défenseurs.

Effet du discours de M. de la Sale. Ce discours soutenu par cette fermeté qu'inspire un bon cœur & la bonne foi, fit tout l'effet que M. de la Sale en pouvoit attendre. *Maufolea* lui-même touché des bons sentimens qu'il reconnut dans nôtre chef, & pressé par le témoignage de sa conscience, avoüa que les Iroquois avoient fait courir ces faux bruits parmi les *Mascontans*, pour les obliger à faire entrer les Islinois dans ces défiances, & pour exciter par ce moïen une revolte generale contre nous: Il demeura d'accord de la malice des Iroquois, & convint avec M. de la Sale, que leur propre sureté & celle des Islinois dépendoit uniquement de leur union, & de leur intelligence avec nous. Dés ce moment les

Illinois rentrerent dans leurs premiers sentimens, & protesterent de ne jamais renoncer à nôtre alliance, ni à nôtre protection qu'ils nous suplierent avec instance de leur continuer.

M. de la Sale content des nouvelles assurances de leur amitié ne songea qu'à pousser plus loin ses découvertes ou ses conquêtes, car c'étoit à luï la même chose de decouvrir un païs, & de le soumettre à la puissance du Roi.

Se voïant sur une riviere qui l'alloit faire tomber dans le milieu du grand fleuve *Mississipi*, il crut que pour pouvoir remplir la vaste étenduë de ses desseins, il n'avoit qu'à partager ses courses en deux parties ; l'une, aprés avoir gagné ce fleuve, de le suivre en remontant vers sa source, & de côtoïer ses rivages pour re-

M. de la Sale partage ses courses en deux parties.

connoître les Nations qui sont au Nord-Est de l'Amerique; l'autre de descendre ce même fleuve jusqu'à la mer Mexique, & de tâcher de soumettre toutes les Nations situées sur ses bords jusqu'à la mer; il se reserva cette derniere partie, & se resolut de charger quelqu'autre personne de la premiere.

Pendant qu'il disposoit ainsi son voïage, nos perfides ne songeoient qu'à rompre le cours de ses desseins, mais voïant que sa prudence lui faisoit prévenir tous leurs complots, ils resolurent de l'empoisonner. Pour executer ce dessein ils choisirent le jour de Noël de l'année 1679. & pour en avancer le succez, ils trouverent le moïen de jetter du poison dans la marmite, afin qu'empoisonnant en même tems & le Maître & ses affidez, ils pussent

Resolution d'empoisonner M. de la Salle prïse par ses gens.

puſſent ſeuls ſe rendre les maîtres & du Fort, & de tout ce qu'il y avoit dedans.

Le dîner aïant été ſervi, on ſe mit à manger. A peine M. de la Sale & tous ſes conviez furent-ils ſortis de table, qu'ils ſe trouverent également attaquez de convulſions, de ſueurs froides, & de maux de cœur. *Lui & ſes gens empoiſonnez.* Ces marques trop ſenſibles de poiſon les obligerent à prendre de la theriaque, & ſans ce promt remede, & ſans la précaution que chacun prit ſur le champ, il auroit été impoſſible de ſe garantir de la mort.

Le mal avoit trop éclaté pour demeurer dans le ſilence : ces ſcelerats voïant que leur malice avoit avorté, prirent la fuite dans les bois ; M. de la Sale les fit chercher en vain, & inutilement les pourſuivit-on : N'aïant *Empoiſóneurs prênent la fuite.*

pû les rencontrer, il prit en leur place de jeunes Sauvages volontaires, qui se dévoüerent à lui avec une entiere fidelité. Sa reputation s'étoit si avantageusement répanduë de tous côtez, que non seulement plusieurs François dispersez dans les bois, mais un grand nombre de Sauvages venoient de leur propre gré se soumettre à lui, & reconnoître en sa personne l'autorité du Roi. L'accueil favorable qu'il leur faisoit, lui attiroit sans cesse de nouveaux soldats de toutes parts, si bien qu'il repara non seulement par-là le nombre de ses fugitifs, mais il accrut de beaucoup sa troupe, & grossit considerablement son magasin par son trafic & par ses negociations.

Les choses étant dans cette disposition chez les Islinois, M.

de l'Amerique Sept.

de la Sale crut devoir mettre en execution le dessein de ses découvertes; pour cet effet il jetta les yeux sur M. *Dacan* pour faire la découverte des terres qui sont le long du fleuve *Mississipi*, en tirant vers le Nord-Est : il choisit pour l'accompagner, le *Pere Loüis* Recollet, avec quatre François & deux Sauvages : les fournit d'armes, de munitions necessaires, & leur donna dequoi trafiquer avec les Nations qu'ils rencontreroient. Ils s'embarquerent le 28. Fevrier de l'année 1680. sur la riviere des Islinois; la descendirent jusqu'au fleuve *Mississipi*, & pousserent leur traite en remontant ce fleuve, jusqu'à quatre cent cinquante lieües vers le Nord, à sept lieües de sa source, en s'écartant de tems en tems d'un côté & d'autre du rivage pour reconnoître les di-

M. Dacā choisi pour aller découvrir de nouvelles terres.

H ij

verses Nations qui les habitent.

Miſſiſſi-pi fleuve, ſa ſource.   Ce fleuve ſort d'une grande ſource, du haut d'une colline, qui borde une tres-belle plaine dans le païs des *Iſſati*, ſur le cinquantiéme degré de latitude ; A quatre ou cinq lieuës de ſa ſource il ſe trouve ſi fort accrû par cinq ou ſix rivieres qui s'y déchargent, qu'il eſt capable de porter bateau ; les environs en ſont habitez par beaucoup de Nations, les *Hanétons*, les *Iſſati*, les *Oua*, les *Tintonha*, les *Nadoüeſſan*. M. *Dacan* fut tres-

Ce que fait M. Dacan dans ſes découvertes. bien reçû de tous ces Peuples, commerça avec eux, y fit pluſieurs eſclaves, augmenta ſa troupe de pluſieurs Sauvages volontaires, & poſa à deux lieuës de la ſource de ce grand fleuve, les Armes du Roi ſur le tronc d'un grand arbre à la veuë de toutes ces Nations, qui les reconnurent comme celles de leur Prince & de leur Maître souverain; il y établit aussi plusieurs habitations, l'une chez *les Issati*, où plusieurs Europeans qui s'étoient joints à lui dans sa course, voulurent s'habituer; une autre chez les *Hanétons*; une autre chez les *Oua*, un eautre enfin chez les *Tintonha*, ou gens de riviére.

Charmé de la docilité de ces Peuples, & d'ailleurs attiré par le grand commerce des peaux, il s'avança dans les terres jusqu'au Lac des *Arsenipoits*; c'est un Lac de plus de trente lieuës de tour. Cette Nation toute farouche qu'elle est, le receut fort humainement. Il y fonda une habitation pour les François, & une autre chez les *Chongaskabes*, ou Nation des Forts, leurs voisins.

Lac des Arsenipoits.

Nouvelle Relation

Pendant que le sieur Dacan faisoit toutes ces découvertes & ces établissemens, M. de la Sale prit congé des Islinois pour aller à Frontenac, le 8. Novembre de l'année 1680. tant pour apprendre des nouvelles d'une barque qu'il avoit fait depuis peu construire & équipper, que pour faire une reveuë de ses magasins, de ses Forts & de ses habitations. La troisiéme journée, il arriva au grand Village des Islinois, où aprés avoir observé la situation du païs, au milieu de plusieurs Nations, des *Miamis*, des *Outagamis*, des *Kicoapous* des *Ainous*, des *Mascontans*, & de plusieurs autres, arrosé d'une belle riviere, il crut devoir faire bâtir un Fort sur une hauteur qui commande à toute la campagne, tant pour se rendre le maître de tous ces differens

M. de la Sale prend congé des Islinois.

Son arrivée au Village des Islinois.

Peuples, que pour servir de retraite & de rempart à nos François. Ce dessein quelqu'avantageux qu'il pût être, eut pourtant de fâcheuses suites.

Deux malheureux que M. de la Sale avoit envoïez l'automne derniere à *Missilimachinac*, pour s'informer de son nouveau bâtiment, feignirent de revenir lui rendre compte de leur expedition, ils le rencontrerent dans leur chemin à deux lieuës du dernier Village, & lui dirent qu'ils n'avoient rien pû decouvrir de sa barque; Cependant eux mêmes l'avoient bruflée aprés en avoir vendu tous les effets & tout l'équipage aux Iroquois. M. de la Sale se douta bien dés-lors, que sa barque étoit perduë, mais il n'en parut pas moins tranquille; il m'écrivit sur le champ, m'envoïa

Perfidie de deux de ses gens.

avec sa lettre un plan du Fort qu'il avoit designé, & m'ordonna d'y venir incessamment travailler, ensuite aprés avoir recommandé l'union & la paix à ces deux nouveau-venus, il continua son voïage.

Ces traîtres qui nous avoient déja vendus aux Iroquois, & qui n'attendoient que l'occasion de nous livrer à ces barbares, impatiens de profiter de l'absence de nôtre Commandant, se hâterent de venir nous joindre: Dés qu'ils m'eurent donné la lettre, je me disposai à partir; eux de leur côté ne trouvant que trop de disposition au mécontement dans les esprits déja mal intentionnez, firent confidence à leurs anciens compagnons, de leur secrette correspondance avec les Iroquois, & les firent bien-tôt entrer dans leur

leur pernicieux deſſein ſans me défier, je leur recommandai à tous la concorde, & aïant remis le commandement du Fort à celui que je crus le plus fidele, je partis pour me rendre à l'endroit deſtiné pour le Fort que je devois entreprendre. C'étoit un rocher fort élevé : ſur ſa cime il y avoit un terrain uni, étendu, & qui commandoit de tous côtez à une tres-vaſte campagne; j'avois déja tiré quelques lignes pour en jetter les fondemens inceſſamment, lorſque je reçus avis, non ſeulement de la déſertion de nos gens, mais du vol & du pillage qu'ils avoient fait de tout ce qu'il y avoit de plus conſiderable dans le Fort. On peut juger quelle fut ma douleur & ma ſurpriſe: Auſſi-tôt je quittai tout pour aller ſur les lieux, je trouvai le Fort pillé &

I

saccagé; il étoit encore gardé par sept ou huit François, qui n'avoient pû resister à la violence de ces traîtres: J'avoüe que je fus desolé de me voir avec une poignée de gens, à la merci des Sauvages, sans secours & sans munitions. Ce qui fait voir que lorsque les sócietez sont composées de differens esprits, la division & la mesintelligence y causent plus de dommage, que les armes & la violence des propres ennemis. Tout ce que je pûs faire dans une si triste situation, ce fut de dresser un procez verbal de l'état du Fort, de l'envoïer à M. de la Sale, avec un fidele recit de tout ce qui s'étoit passé. Aprés cela je songeai à me mettre en état de n'être point insulté. Le Fort étoit assez bien fourni d'armes & d poudre; je relevai le courage d nos gens par l'esperance d'un promt secours, que nôtre Chef ne manqueroit pas de nous envoïer, dés qu'il nous sauroit dans le peril. Enfin je leur remontrai que c'étoit dans ces grands revers de fortune que paroissoit le courage & la veritable fidelité ; que c'étoit-là une occasion de se signaler. A l'égard des Illinois, je redoublai mes soins pour les ménager, & pour les entretenir dans les mêmes sentimens à nôtre égard ; alors chacun tâcha de me seconder, & nous fîmes si bien, que nous trouvâmes par leur moïen dequoi nous consoler, & dequoi reparer en quelque maniere les disgraces que les nôtres nous avoient causées par leur trahison.

M. de la Sale aïant receu ma lettre, fit d'abord une exacte recherche de tous ces scelerats;

les uns vinrent s'abandonner à sa misericorde, les autres furent pris; il en fit mourir une partie, & pardonna à l'autre. Aprés cela, il travailla à faire quelque nouvelle recruë, & m'écrivit aussi-tôt de ne me pas décourager, & de l'attendre de pié ferme avec le peu de monde qui me restoit. Une année se passa dans cette attente; pendant ce tems-là ma petite troupe s'accrut de quelques nouveau-venus, tant François que Sauvages; & nous ne manquions, graces au Ciel, de quoi que ce soit.

Iroquois viennẽt pour attaquer les Illinois.

A peine étions-nous relevez d'un si grand revers, que nous nous vîmes retomber dans un plus funeste danger. Environ le mois de Septembre de l'année 1681. il parut tout d'un coup à un quart de lieuë du Camp des

Islinois un gros de six cens Iroquois, armez les uns de fleches, les autres d'épées, de pertuisannes, quelques-uns même d'armes à feu. Les Islinois à cet aspect rentrerent dans leurs premiers ombrages contre nous, & nous soupçonnerent plus que jamais d'intelligence avec leurs ennemis.

Me voïant entre deux écueils, soupçonné par les Islinois, pressé par les Iroquois, je fis tous mes efforts pour rassûrer les premiers : pour cet effet je m'offris d'aller trouver les Iroquois dans leur Camp, pour tâcher de les arrêter, & de les faire entrer en quelque accommodement ; en tout cas je protestai aux Islinois de partager tout le peril avec eux, à quoi j'ajoûtai qu'il n'y avoit pas de tems à perdre, & qu'il faloit sur l'heure

I iij

se mettre en défense. Persuadez par ce discours qui témoignoit ma bonne foi, ils me conjurerent de faire un effort pour tâcher de porter leurs ennemis à la paix; me donnerent un esclave pour me servir de truchement, & un Islinois pour être garant de tout ce que j'avancerois de leur part, & dés ce moment ils renvoïerent leurs femmes & leurs enfans dans les bois ; après cela chacun courut aux armes, & se mit en état de combattre.

Leur armée divisée en deux parties. L'Armée des ennemis, divisée en deux aîles, étoit commandée par deux Generaux ; l'un nommé *Tagancourte*, chef des *Tsonuontouans* ; l'autre *Agoustot*, Chef des *Desouatages* ; celle des Islinois ne faisoit pas cinq cens hommes ; nous n'étions que vingt François tout au plus. Nos gens mêlez parmi eux les aidoient à bien dresser leurs bataillons, & tâchoient de les encourager par leur exemple. Je me détachai de nôtre petite armée, avec un Islinois & deux François seulement : Comme je m'avançois vers les ennemis, leur aîle gauche s'avançoit vers nos gens, qui les attendoient de pié ferme & avec beaucoup de resolution.

Dés que ces Barbares me virent approcher, ils tirerent sur nous, mais personne n'aiant été blessé, je conseillai à l'Islinois & à nos deux François de se retirer, & comme je n'allois pas là pour combattre, mais pour être le mediateur de la paix, je voulus prendre sur moi tout le peril de ma députation ; je présentai d'aussi loin que je pûs aux ennemis un Collier ; c'est la coûtume parmi les Sauvages de

Coûtume observée parmi les Sauvages.

faire leurs propositions de paix avec des colliers, qui sont chez eux autant de marques d'alliance & d'union : je m'avançai sur la foi de ce gage. A peine fus-je entré dans leur Camp que je me vis saisi par ces perfides ; l'un m'arracha brusquement le collier de la main, un autre me porta un coup de couteau dans le sein, mais par bonheur le coup aïant glissé sur une côte, je ne fus que legerement blessé, & les plus raisonnables de l'assemblée m'aïant donné quelque secours, soit par l'application d'un certain baûme, soit par le moïen de quelque bande on arrêta le sang, & aprés m'avoir donné le tems de me remettre, on me conduisit jusqu'au milieu du Camp avec mon Interprete. Là on me demanda le sujet de mon arrivée ; mes forces étoient bien diminuées à cause du sang que j'avois perdu; mais j'avois toujours le cœur bon, & sans m'étonner, ni de leur grand nombre, ni de leurs menaces, je leur representai le tort qu'ils avoient, d'avoir violé en ma personne le droit des Gens, qui doit être respecté de tout le monde, & l'injure qu'ils faisoient au Roi mon Maître & à tous les François, de venir sans sujet faire la guerre à une Nation qui étoit dans son alliance & sous sa protection; Que s'il leur restoit quelque consideration pour nôtre invincible Prince & pour nous, ils se desistassent de cette guerre; qu'ils regardassent les Islinois comme leurs freres & nos bons amis; que nous trouvant unis dans cette rencontre, & ne faisant presque qu'un même corps avec nous,

Deputé vers les Iroquois.

ils ne pouvoient conspirer leur perte, sans conspirer en même tems la nôtre; qu'il ne leur étoit ni glorieux de tremper leurs mains dans le sang de leurs compatriotes, ni trop avantageux pour eux de s'attirer de tels ennemis que les François; que quelque grande que fût leur valeur, le peril étoit bien égal dans cette occasion pour les deux partis, puisque les Islinois étoient au moins au nombre de 600. combattans, & que nous étions bien prés de deux cent dans nôtre troupe. (Il est bon quelquefois de n'accuser pas tout-à-fait juste, & sur-tout à la guerre;) Qu'ainsi ce n'étoit ni manque de forces ni defaut de courage, que je venois les inviter à la paix, mais par un pur principe d'amitié pour les uns & pour les autres. J'ajoûtai à tout cela, que c'étoit au nom de toute nôtre Nation, de M. le Comte de *Frontenac* leur Pere, au nom même de nôtre grand Monarque, que je leur faifois cette priere, & leur proteftai en même tems que je ne plaindrois pas le fang que j'avois perdu dans cette negociation, fi j'avois le bonheur de recevoir de leur part une favorable réponfe.

Pendant que je leur tenois ce difcours, ou que mon Interprete le leur faifoit entendre, on efcarmouchoit de part & d'autre, & quelque tems aprés, un de leurs gens vint donner avis du combat à un des Generaux, & lui dit même que leur aîle droite commençoit à plier, & qu'on avoit reconnu parmi les Iflinois quelques François qui faifòient grand feu fur eux. Ce fut un contretems fâcheux pour moi ; je remarquai que ces Barbares me regardoient d'un œil feroce, & sans autre façon ils commençoient à deliberer sur ce qu'ils feroient de ma personne : je me preparois à tout évenement, lorsqu'un de la compagnie s'étant posté derriere moi, & tenant un rasoir dans sa main, me levoit de tems en tems mes cheveux ; Je me retournai vers lui, & je vis bien à sa contenance & à sa mine, que son dessein étoit de m'enlever la chevelure, c'est-à-dire de me couper la gorge ; car c'est la coûtume parmi ces Peuples sauvages, quand ils vont en parti, ou à la chasse, s'ils rencontrent un François, ou quelqu'autre de quelque nation qu'il puisse être, de lui couper la tête, & de lui enlever la peau de dessus le crâne avec les cheveux

Court risque d'être égorgé.

en forme de calotte; ce qui est chez ces Barbares le plus glorieux trophée par où ils puissent se signaler; si bien que m'étant apperçû que ce jeune Iroquois vouloit s'acquérir cette marque d'honneur à mes dépens, je le priai fort honnêtement de vouloir du moins se donner un peu de patience, & d'attendre que ses Maîtres eussent decidé de mon sort. *Tagancourté* vouloit qu'on me fît mourir, *Agouſtot*, ami de M. de la Sale, vouloit qu'on me donnât la vie; celui-ci l'emporta sur l'autre, & ce fut une espece de prodige chez un peuple si inhumain, que la clemence prévaluſt sur la cruauté. En un mot ils conclurent unanimement de me renvoïer pour porter de leur part aux Iſlinois parole d'une paix entiere & d'une parfaite réü-

Eſt renvoïé avec propoſition de paix.

nion. Soit qu'il y eût de la sincerité ou de la diffimulation dans cette propofition, le plaifir de me tirer de leurs mains guérit à demi ma bleffure ; cependant pour mieux me perfuader de la bonne foi de leurs intentions, ils me chargerent d'un beau collier de porcelaine, comme d'un gage d'union, & me prierent de leur témoigner qu'ils fouhaitoient deformais de vivre avec eux en veritables freres, & comme enfans communs de M. le Gouverneur ; j'étois cependant fi foible & fi fatigué, qu'à peine pouvois-je me foutenir fur mes pieds.

Je rencontrai en m'en retournant le Pere *Gabriël de la Ribonde*, & le Pere *Hanoble Membré*, qui venoient s'informer de mon fort. Dés qu'ils me virent pâle, défait, tout en sang, me traînant avec peine, ils ne furent pas moins saisis de douleur que d'étonnement; ma blessure & la perte de mon sang les affligeoit, mais ils étoient un peu consolez de me voir encore en vie, & ne pouvoient assez me témoigner leur joie de ce que ces Barbares ne m'avoient pas entierement tué. Nous allâmes ensemble trouver les Islinois; je leur repetai à peu prés les mêmes discours que les Iroquois m'avoient tenus, & leur presentai de leur part, le collier de paix. Cependant je leurs fis entendre qu'il ne faloit pas trop se fier à leurs propositions, ni à leur present, & qu'autant que j'en pouvois juger, ils n'étoient pas venus-là pour s'en retourner sans rien faire; qu'ils étoient trop jaloux de leur gloire pour

Ce qu'il raporte aux Islinois.

ne rapporter de leur courſe, que l'honneur de s'être racommodez avec un Peuple, qu'ils préten-doient ſoumettre; Qu'ainſi à mon ſens, toutes ces belles paroles, toutes ces demonſtrations d'a-mitié n'étoient que des apparen-ces trompeuſes pour les mieux ſurprendre.

Ce que font les Iſlinois. Les Iſlinois n'eurent pas beau-coup de peine à croire & à ſe per-ſuader tout ce que je leur dis ; ils ſe mirent cependant en devoir de répondre à leurs propoſitions par des préſens reciproques & par une nouvelle ambaſſade ; il y avoit eu pendant tout ce tems une ſuſpenſion d'armes : les jeunes Iſlinois contens d'avoir repouſſé, aux dépens de quel-ques-uns des leurs, les premieres attaques de leurs ennemis, ne voulurent point s'expoſer à un nouveau combat, & prefererent le plaiſir

plaisir de la chasse à une gloire perilleuse; ainsi la plupart prirent ce moment pour décamper, & deserterent; Ceux qui étoient restez, se voïant abandonnez des plus braves, & appercevant venir à eux les ennemis en corps de bataille, ils n'eurent pas l'assurance de les attendre, comme ils ne se croïoient pas assez forts pour se défendre, ils prirent le parti de leur abandonner le terrain, & d'aller chercher ailleurs une nouvelle demeure; ils allerent rejoindre leurs familles à trois lieuës de là.

Les ennemis se jetterent dans leur camp entierement abandonné; quelques François qui resterent, deux Peres Recollets & moi nous nous renfermâmes dans nôtre Fort; au bout de deux jours les Illinois aïant paru sur une hauteur en assez grand nombre, & dans une contenance assez fiere, les Iroquois nous soupçonnerent de quelque intelligence avec eux, & crurent que c'étoit nous qui les avions rappellez. Comme ils les croïoient en plus grand nombre qu'ils n'étoient en effet, & que d'ailleurs ils avoient éprouvé leur valeur dans la derniere occasion, ils me prierent de vouloir être leur médiateur pour moïenner encore un nouveau traité de paix entre les deux Nations : j'acceptai volontiers cette mediation, ils me donnerent un des plus considerables des leurs pour me servir d'ôtage; j'allai trouver les Islinois, & le Pere *Zenoble* eut la bonté de m'accompagner. Dés que je fus dans le camp des Islinois, je leur proposai les offres de leurs ennemis, & leur dis qu'ils étoient

Mediation entre les Islinois & les Iroquois

prests d'étouffer toutes sortes d'inimitiez; que j'amenois avec moi, pour garant de leur bonne foi, un jeune Iroquois des plus considerables de la Nation.

Les Islinois m'écouterent avec beaucoup de plaisir, me chargerent de les assurer de leur entiere correspondance, me laisserent le maître des articles de la paix, & me promirent de leur envoïer sur l'heure un ôtage de pareille consideration, cependant ils me prierent de ne point perdre de tems, & d'aller incessamment traiter cette affaire.

Je voïois les choses en trop bon chemin pour ne pas me promettre un bon succés de ma médiation. Aprés avoir pris un leger rafraichissement chez eux, je me hâtai d'aller conclurre avec les Iroquois; je leur portai parole d'un entier consentement

K ij

de la part des Islinois, & leur dis en même tems qu'ils avoient mis à ma disposition cette affaire; que, s'ils vouloient, nous irions sur l'heure même travailler aux conventions pour établir une paix stable, solide & de longue durée. Là-dessus l'ôtage Islinois arriva, qui confirma les Iroquois dans la croiance de tout ce que j'avois avancé, mais il gâta tout par son imprudence: car après avoir loüé leur valeur & leur generosité, il avoüa avec trop d'ingenuité, que le nombre de leurs combattans n'étant tout au plus que de quatre cent, ils recevoient leurs propositions de paix comme une grace dont toute sa Nation leur étoit tres-obligée, & que pour marque de reconnoissance ils étoient prests de leur envoïer quantité de castors & nombre d'esclaves. Qui ne

Imprudence d'un Islinois.

fait que lorsqu'il s'agit d'accommodement, ou de traitté, le trop de fincerité ou d'empreffement recule fouvent les affaires loin de les avancer? En effet les ennemis qui jufques-là fur ce que je leur avois dit, avoient eu la moitié de la peur, & qui même croioient le nombre de leurs ennemis beaucoup plus grand qu'il n'étoit en effet, reprirent toute leur fierté, & me firent de fanglans reproches de ce que je leur avois fait les Iflinois beaucoup plus forts & plus nombreux qu'ils n'étoient; que je leur avois arraché la victoire des mains par cette tromperie, & qu'ils devroient me faire païer aux dépens de ma vie la perte du butin qu'ils auroient fait, fans moi, fur leurs ennemis.

J'eus bien de la peine à me tirer de ce mauvais pas, cependant je leur fis entendre que ce que l'ôtage venoit de leur dire, n'avoit rien d'incompatible avec ce que je leur avois dit ; que dans le tems de leur arrivée, les Islinois étoient du moins au nombre de six cent combattans, mais que beaucoup avoient deserté ; qu'au reste mes intentions avoient toujours été tres-bonnes, & que tout mon but n'avoit été qu'à faire parvenir les choses à un sincere accommodement. Au surplus je leur representai qu'ils s'étoient rendus les maîtres de leur camp & de leurs terres, qu'ils étoient en état d'imposer telle loi à leurs ennemis qu'ils souhaiteroient ? Ne vous est-il pas assez glorieux, *ajoûtai-je*, d'accorder la paix à des gens qui s'offrent même de l'acheter ? Les Iroquois se rendirent, ou plutôt firent semblant de se rendre à mes raisons, me regarderent d'un œil un peu plus riant, & renvoïerent l'Islinois dans le camp dire à ceux de sa Nation, qu'ils le prioient de se rendre le lendemain dans le leur pour y conclure une solide paix.

Les Principaux des Islinois ne manquerent pas de se trouver le lendemain au rendez-vous, avec leurs castors & leurs esclaves: les Iroquois les reçurent fort honnêtement, leur promirent de les remettre au premier jour en possession de leurs habitations, & leur offrirent en même tems divers colliers avec quelques pelleteries. Par le premier collier ils demandoient pardon au Gouverneur des François de ce qu'ils étoient venus troubler une Nation qui vivoit sous leur protection: par le second, ils faisoient la même civilité à M.

Entreveuë des Islinois & des Iroquois.

de la Sale ; & par le troisiéme ils juroient aux Islinois une éternelle alliance. Les Islinois leur firent les mêmes protestations, aprés quoi chacun se retira.

Perfidie des Iroquois. Pendant que ces deux Nations se donnoient de mutuelles assurances d'amitié, j'appris de bonne part, que les Iroquois faisoient faire des canots d'écorce d'orme, à dessein de poursuivre les Islinois le long du fleuve pour les perdre & pour les exterminer. Comme j'accompagnois un des principaux Islinois, il me demanda ce que je pensois de leur reconciliation ; je lui répondis franchement qu'il n'y avoit pas grand fond à faire sur la parole de ces perfides ; que j'étois assuré qu'ils faisoient travailler à des canots pour les suivre sur leur riviere ; que s'ils m'en croioient ils profiteroient du tems,

de l'Amerique Sept. 121

tems, & se retireroient en quelqu'autre contrée où ils tâcheroient de se bien fortifier pour se mettre à couvert de leur surprise : l'Islinois donna dans ma pensée, me remercia de mon conseil, & nous étant separez, il s'en alla rejoindre ses gens, & je me retirai dans nôtre Fort.

Le huitiéme jour de leur arrivée & le dixiéme de Septembre, les Iroquois me firent appeller à leur Conseil avec le Pere *Zenoble*, & nous aïant fait asseoir, ils firent mettre six paquets de castors devant nous ; ensuite m'adressant la parole, ils me dirent que leur Nation nous offroit ces presens, & nous prioit en même tems de vouloir donner de leur part les deux premiers paquets à M. le Comte de Frontenac, leur pere, & de l'assurer

Nous font des presens.

L

qu'ils ne vouloient plus manger des Illinois, ses enfans ; qu'ils me donnoient le troisiéme pour servir d'emplâtre à ma plaie; que le quatriéme nous serviroit d'huile, au Pere *Zenoble* & à moi, pour nous frotter les jambes dans le cours de nos voïages ; que par le cinquiéme ils nous exhortoient à adorer le Soleil ; & qu'enfin par le sixiéme ils nous sommoient de décamper le lendemain, & de nous retirer dans nos habitations françoises.

Reconnoissance que les François leur en témoignent.

Je ne manquai pas de les remercier au nom de toute nôtre Nation, tant de la consideration qu'ils avoient témoignée avoir pour M. le Comte de Frontenac & pour M. de la Sale, que du bon traitement qu'ils avoient fait aux Illinois, nos bons amis, & des bonnes huiles, ou emplâtres dont ils nous avoient gratifiez, le Pere *Zenoble* & moi. Je les suppliai aussi de vouloir toujours conserver les mêmes sentimens pour les uns & pour les autres ; aprés quoi je leur demandai quand ils partiroient eux-mêmes, & quand ils remettroient les Islinois dans leurs terres, selon leur promesse. Cette demande leur parut un peu brusque ou trop hardie : je ne l'eus pas plûtôt faite, qu'il s'éleva un grand murmure parmi eux ; il y en eut quelques-uns qui me répondirent, que *puisque j'étois si curieux, ils alloient me le dire ; que ce seroit aprés avoir mangé quelques-uns de nos freres, ou des Islinois.* Aïant entendu ce discours, je repoussai avec le pié leur present, & leur témoignai que puisqu'ils avoient ce dessein, je n'avois pas besoin

Incident fâcheux

L ij

de leur present, loin de vouloir l'accepter; qu'au reste je partirois sans leur ordre & sans leur congé, quand il me plairoit. Leurs chefs s'étant aussi-tôt levez, nous dirent que nous pouvions nous retirer. Aussi-tôt un *Abenaquis* qui étoit parmi eux, & de mes anciens amis, s'approcha de moi pour me dire que ces gens étoient fort piquez contre moi, & me conseilla de me retirer le plus vîte que je pourrois. Je profitai de son avis, nous nous retirâmes, le Pere *Zenoble* & moi, & nous doublâmes le pas vers nôtre Fort, où nous étant renfermez, nous nous mîmes sur nos gardes durant la nuit, résolus de nous bien défendre en cas que nous fussions attaquez.

Quand nous nous vîmes en sureté, nous raisonnâmes quel-

que tems sur la dissimulation &
sur l'infidelité de ces peuples,
sur l'état de nos affaires, & sur
le peril que nous avions couru
dans ce dernier Conseil. Le Pe-
re *Zenoble* me blâmoit de ma {Exẽp'e d'une fermeté inébrã-lable.}
brusquerie, me disant qu'il est
quelquefois bon, & même necessaire de se ménager, quand
on n'est pas le plus fort, dans
l'esperance de trouver des occasions plus favorables : Mais je lui
dis que souvent la fermeté qu'on
fait paroître, a souvent un meilleur effet, que la bassesse & la
soumission ; que les ames cruel-
les ne s'attendrissent jamais par
des supplications, & des actions
rampantes, au lieu que souvent
elles se rendent à la vigueur &
à la resistance ; qu'au reste, lorsqu'il y a du danger, il vaut mieux
prendre le parti d'un homme de
cœur, que celui d'un lâche ; que

L iij

dans cette derniere occasion j'avois voulu repousser le mépris par le mépris ; qu'aïant entrevû la mauvaise volonté des Iroquois, accompagnée même de raillerie, j'avois crû devoir rebuter ce qu'ils ne me presentoient que pour se mieux moquer de moi, & leur témoigner par ma réponse, ma fermeté dans le peril, plûtôt que d'en venir à des prieres ou à des flateries inutiles. Cependant voïant bien que nous n'étions pas en état de rester plus long-tems, nous emploïâmes le reste de la nuit à faire nôtre équipage pour le lendemain ; nous étions encore quinze François dans le Fort, les deux Peres Recollets & moi. Cinq François voulurent être de ma compagnie, les autres se resolurent d'aller rejoindre les Islinois, ou d'aller chez quelqu'autre Nation. Nous partageâmes nos munitions, nos armes & nos effets, & chacun fit son paquet.

Le lendemain onziéme Septembre de l'année 1681. dés la pointe du jour, chacun prit son ti, & nous nous embarquâmes les deux Peres, les cinq François & moi dans un canot, sur la riviere des Islinois. Aprés cinq lieuës de chemin nous mîmes à terre pour fecher quelque pelleterie, & pour raccommoder nôtre canot qui prenoit eau de tous côtez. Pendant ce tems-là le Pere *Gabriel* me dit qu'il s'en alloit le long du rivage dire son Office. Je l'avertis de ne point s'écarter à cause que nous étions entourez d'ennemis : La beauté du climat, la douceur de l'air, l'agrément & l'aspect de la campagne chargée de

Le Pere Gabriel massacré par les Sauvages.

beaux arbres & couverte de vignes l'engagerent à aller un peu trop avant, & le firent tomber dans le piege que je lui avois predit. Cependant le jour finissoit, & voïant que ce Pere ne revenoit point, j'entrai dans quelque chagrin de son retardement. Le Pere *Zenoble* n'en avoit pas moins que moi; nous allâmes le chercher de tous côtez avec un de nos gens; nous rencontrâmes sa piste, nous la suivîmes quelques pas, mais bien-tôt aprés nous la trouvâmes coupée par plusieurs autres qui nous empêcherent de suivre celle du bon Pere; de sorte qu'aprés avoir couru de tous côtez, au commencement de la nuit nous fîmes un grand feu sur le rivage pour lui servir de signal: nous passâmes même de l'autre côté de la riviere, l'appellant de tems en tems à haute voix. Tous nos cris, tous nos pas furent inutiles: ce Religieux aïant été malheureusement rencontré dans un lieu écarté, par une troupe de Sauvages nommez *Quicapous*, fut entraîné dans le bois, & là il fut massacré par ces Barbares, qui lui couperent la tête, & lui prirent son Breviaire qu'un de la troupe vendit ensuite à un Pere Jesuite, de qui nous avons depuis appris ces particularitez; Ainsi mourut ce bon Religieux agé de soixante dix ans, au milieu des prieres & des cantiques divins, par les mains de ces malheureux, pour le salut desquels il étoit venu dévoüer sa vie.

Aprés ces vaines recherches, nous ne laissâmes pas de l'attendre le lendemain jusqu'à midi : enfin n'y aïant plus d'esperance de le voir revenir, triſtes que nous étions, nous nous embarquâmes ſur la même riviere, & la remontâmes à petites journées, toûjours dans l'attente du Pere Gabriel. Aprés environ un mois de navigation, nous prîmes terre à deux journées du grand Lac des Iſlinois; nous y conduisîmes nôtre bagage par des traîneaux. Etant embarquez environ le 20. Octobre ſur ce Lac, nous navigeâmes huit ou dix jours; un coup de vent nous porta ſur un bord, à vingt lieuës du grand Village de *Potavalamia*. Les vivres nous manquant nous fûmes obligez de prendre terre, & de glaner dans les bois: Comme j'étois extrémement affoibli par une fiévre qui me conſumoit, & que d'ailleurs mes jambes étoient fort enflées, nous ne pouvions gueres avancer : Ce-

Fraçois obligez de glaner dãs les bois.

pendant à force de nous traîner, nous arrivâmes, à la saint Martin, audit Village dont je viens de parler, où nous ne trouvâmes personne, & par conſequent nul ſecours pour nous rétablir. Nous avançâmes dans le deſert, où nous rencontrâmes heureuſement du blé d'Inde, avec lequel nous fîmes de la boüillie durant quelques jours : Etant munis de cette petite proviſion nous regagnâmes le Lac, & nous y étant rembarquez, aprés deux jours de navigation un vent de large nous porta à terre ; nous abordâmes à une rade où nous trouvâmes des traces fraîches, qui nous conduiſirent juſqu'à un autre Village des *Poutoualamis*, mais entierement abandonné ; il y avoit cependant encore quelque reſte de blé d'Inde, & quelque peu de cerf boucanné; nous ne negligeâmes pas ce petit secours, que le hazard nous presentoit, & nous en étant fournis, le lendemain nous prîmes le chemin de la Baye des *Puans*, traînant toujours nôtre canot & nôtre bagage, & nous y arrivâmes vers la fin du mois de Novembre.

Baye des Puans.

Cette Baye est un regorgement du Lac au dedans des terres; l'embouchure en est étroite, & va toûjours en s'élargissant: son circuit est de plus de dix lieuës: il y a dans son enceinte une avance du lac, qu'on appelle, *l'ance à l'esturgeon*. Celle-cy s'appelle *l'ance à l'esturgeon*, parce qu'il y a dans cet endroit plusieurs poissons de cette espece. Nous nous y reposâmes quelques jours avec des Sauvages qui faisoient la chasse des Castors aux environs; c'estoient des *Poutoualamis* qui nous regalerent de bœuf & de cerf boucanné, & qui nous voulurent bien donner le plaisir de la Chasse.

Comme tout ce païs est coupé par un nombre infini de ruisseaux, ou de petites rivieres bordées de gros arbres, & que les bois y sont pleins de trembles, dont les petites feüilles & les branches les plus tendres servent de nourriture aux Castors, ces animaux s'y plaisent fort, & y sont en tres-grand nombre.

Ce sont, comme l'on sait, des amphibies, qui ne peuvent se passer de l'eau, de l'air, & de la terre; ils sont presque aussi gros que des moutons, mais beaucoup plus petits; leurs jambes sont courtes, leur quatre pattes approchent de celles

Castors animaux amphibies.

des Singes, pour leur foupleſ-
ſe; leur muſeau eſt long, ar-
mé de dents tres-fortes, leur
corps eſt revêtu d'une ſoïe longue & fine, mais leur queuë
eſt un aſſemblage de pluſieurs
cordons tres-durs, qui eſtant
d'un fort petit volume ſur le
croupion, ſe développent enſuite, & forment en s'élargiſſant
la baſe d'un triangle, elle leur
ſert comme de maſſe ou de
truelle pour taper la terre mol-

Leur inſtinct. le. Leur inſtinct admirable paroît dans leur bâtiment; ils ſe
logent dans de petites cabannes qu'ils ſe bâtiſſent eux-mêmes ; & quand il eſt queſtion
de ſe loger, ils cherchent enſemble un lieu commode pour
leur habitation. C'eſt pour l'ordinaire dans le lit de quelque
riviere qui ne ſoit ni trop large,
ni trop profonde, ſur le bord

de laquelle il y ait quelque gros arbre, dont le tronc panche vers l'eau. Quand ils ont trouvé un lieu qui leur convient, ils font entre eux un cercle; ils se regardent comme s'ils vouloient tenir conseil. En effet, on remarque qu'ils s'assemblent toûjours en nombre impair, tels que sont; cinq, sept, neuf, onze, comme s'ils vouloient qu'il y en eût un qui decidât; ensuite, la premiere chose qu'ils font, c'est de couper l'arbre qui est au bord de la riviere ; ils le prennent ordinairement à un pié & demi de terre, & le tranchent tout au tour de haut en bas, si bien qu'aprés l'avoir coupé, l'arbre tombe toûjours dans l'endroit & dans le sens qu'ils veulent ; & c'est justement au travers de la riviere pour en arrester, ou du moins pour en rallentir le cours ; si les branches de l'arbre empêchent qu'il n'appuïe bien contre le fonds, ils ne manquent pas de les couper bien-tôt, & de faire un bon ciment d'un côté & d'autre avec des pierres, des branches, & du limon, pour former exactement le passage à l'eau : Si l'arbre n'a pas assez de longueur pour joindre les deux bords, ils en vont couper un autre au rivage opposé, ou s'ils n'en rencontrent pas, ils font des especes de bâtardeaux, pour arrêter le cours de l'eau ; mais comme la riviere pourroit inonder, ou rompre la digue par sa violence, ils laissent de distance en distance quelques ouvertures à la chaussée par où l'eau puisse s'écouler ; c'est ainsi qu'ils commencent leur bâtiment, ensuite ils se mettent à massonner affonner au pié de leur ouvrage : pour tout ciment ils prenent du limon qu'ils battent & rebattent avec leur queuë ; ils le mettent couche fur couche, jufqu'à ce qu'ils ayent élevé leur édifice trois pieds de haut ; ils le voutent, le poliffent en dedans d'une maniere tres-propre; ils fe font ainfi trois petits pavillons, qui communiquent les uns aux autres ; l'un eft pour leur gîte; l'autre pour garder leur provifion ; & le dernier pour leur neceffité ; ce qu'il y a de plus merveilleux en ceci, c'eft que dans l'un de ces appartemens, ils creufent un baffin, une efpece d'aqueduc, ou de canal fouterrain qui va jufqu'à la riviere; ce baffin fert de refervoir dans lequel ils moüillent toujours leur queuë, faute de quoi ils mourroient bien-tôt ; & en

Reliure serrée

cas de peril, leur canal leur fert de refuge, & de chemin dérobé pour gagner la riviere. Si pendant qu'ils bâtissent, quelqu'un de la troupe a écorché sa queue à force de taper la terre, il renverse sa queue sur son dos, pour montrer au reste de la troupe, qu'il n'est plus en état de travailler.

<small>Chasse aux castors.</small> Leur digue & leur cabanne étant faites, les Sauvages pour les en chasser, n'ont qu'à courir les petites rivieres, & dès qu'ils apperçoivent la chaussée, ils peuvent compter que la cabanne du Castor n'est pas loin : ils s'en approchent d'aussi près qu'ils peuvent ; dès que le Castor voit ou entend les chasseurs, il s'enfonce dans son bassin, & suivant le courant de l'eau par dessous terre, il se retire dans le lit de la riviere ; mais comme

de l'Amerique Sept. 139

[il] ne peut se passer d'air, il le[ve]
[l]e de temps en temps la tête
[h]ors de l'eau, & le Sauvage
[p]rend ce moment, si c'est en
[é]té, pour le tuer dans l'eau mê-
[m]e, & ne manque pas de le
[p]ercer de son trait; ou si c'est
[e]n hyver, quand les rivieres sont
[g]lacées, n'y ayant pas moyen
[d]e le tirer, le chasseur fait di-
[v]ers trous dans la glace, d'es-
[pa]ce en espace, & se couche
[t]out auprés sur le glacis; le Ca-
[st]or passant par dessous, leve la
[t]ête hors du trou pour respirer,
[a]lors le chasseur enfonce & glisse
[l]a main sur le corps du Castor
[q]ui nage; mais quand il a passé
[ju]squ'à l'endroit où la queuë s'é-
[l]argit, le chasseur serre la main,
[&] l'empoignant fortement, le
[ti]re & le jette sur la glace, com-
[m]e il ne marche que fort lente-
[m]ent, on le ratrape aussi-tôt, &

M ij

l'on l'assomme. On trouve quelquefois des huit ou dix chauffées dans l'espace de deux lieuës, aucun castor n'en échappe. Nous eûmes le plaisir de cette chasse pendant huit ou neuf jours, quoique le temps fust extrémement froid.

Aprés nous être un peu refaits, & munis de quelques provisions, nous nous remîmes sur le Lac le 7. Decembre, & ayant pris à droite pour aller à *Missilimachinac*, un vent contraire nous arrêta pendant huit jours, & nous força d'aller relâcher au même endroit d'où nous étions partis : par malheur les Sauvages n'y étoient plus, mais ils y avoient laissé quelques restes de cerf boucanné, nous cabannâmes du mieux que nous pûmes, & nous allumâmes grand feu pendant toute la nuit, mais nous

de l'Amerique Sept. 141

fîmes une tres-méchante chere, cependant le vent changea, & nous crûmes pouvoir faire voile le lendemain ; mais l'ance s'étant trouvée toute glacée, il falut se résoudre d'aller par terre. Comme nous étions dans ce dessein, la maladie d'un de nos François nous arrêta. Je me disposai à chercher du secours dans le bois avec quelqu'autre de la troupe. Dans ce même moment deux Sauvages *Ontnoüas* se présenterent, & s'offrirent de nous conduire dans un village voisin, où ils nous assurerent que nous serions bien reçus : nôtre malade prit courage, ayant entendu des offres si agreables, & nous partîmes à l'heure même. Aprés trois bonnes heures de chemin, nous arrivâmes à un village des *Poutoüalamis*, où nous fîmes rencontre de plusieurs François

Secours que deux Sauvages donnée aux François.

habituez avec ces Sauvages, les uns & les autres nous y firent un accueil favorable.

Habitation de Jesuites   Aprés deux jours de séjour, le Pere *Zenoble* ayant appris que les Jesuites avoient une belle habitation au fond de la baye, & croïant qu'il étoit plus séant à un homme de son caractere, d'aller dans une maison religieuse, que de demeurer parmi des Sauvages, hommes libertins, il alla hyverner avec ces Peres : pour moi je passai agréablement le reste de l'hyver avec ma troupe dans ce même village, jusqu'au commencement du Printems.

Chasse aux Bœufs.   Vers le milieu du mois de Mars de l'année 1682. l'herbe étant déja grande dans les prez, j'y pris quelquefois le divertissement de la chasse aux Bœufs: Ces animaux sont de la moitié plus grands que les nôtres ; leur poil est une espece de toison tres-fine, & fort longue ; leur paleron est d'une grandeur extraordinaire ; leurs cornes recourbées sont d'une hauteur prodigieuse ; leurs yeux sont grands à faire peur ; ils vont toujours attroupez, la moindre troupe est de trois ou quatre cent ; quand ils défilent, ils font de grands chemins battus, où l'herbe est oute foulée : au reste, ils sont si sauvages, qu'ils s'effarouchent au moindre bruit, ou à la moindre approche des hommes ; ils paissent dans de vastes prairies, où l'herbe est extrêmement haute. Pour en faire une bonne chasse, les Sauvages les entourent de loin ; cependant l'un d'eux se glisse sous l'herbe jusqu'au milieu du troupeau, & dés qu'il est venu là, il s'éleve tout d'un coup en furfaut en faiſant un grand cri, les bœufs prennent auſſi-tôt l'épouvante, les uns courent d'un côté, & les autres d'un autre; les Sauvages rangez en cercle les tirent de toutes parts, & comme ces animaux, tout bleſſez qu'ils ſont, ne laiſſent pas de courir ſur celui qui les a tirez, pour prévenir ce danger, le chaſſeur adroit les viſe à la cuiſſe, ou à la hanche, ou à quelque jambe, & ne manque pas de leur fracaſſer l'os; ce qui met l'animal dans l'impoſſibilité de courir aprés le coup; Comme aucun trait ne porte à faux, autant de coups tirez ſont autant de bœufs par terre; de ſorte que vingt chaſſeurs bleſſeront quelquefois plus de quarante ou cinquante bœufs, qu'ils vont enſuite aſſommer à coups de maſſuë. Ce qu'il qu'il y a de merveilleux en ceci, c'est le fracas que fait le trait tiré par le Sauvage : car outre la justesse & la rapidité du coup, la force en est surprenante, d'autant plus que ce n'est bu qu'une pierre, ou qu'un os, u quelquefois un morceau de bois tres-dur, mis en pointe, & justé au bout de la fléche, avec de la colle de poisson, lequel fait ce terrible effet. Quand les Sauvages vont à la guerre, ils empoisonnent la pointe, ou l'extrémité de leur dard ; en sorte que s'il reste dans le corps, il faut mourir ; l'unique ressource qu'il y a en cette occasion, c'est d'arracher le trait par l'autre côté de la plaïe, en cas qu'il traverse ; ou s'il ne traverse pas, c'est de faire une contre-ouverture, & de l'arracher ; aprés quoi ils connoissent par instinct

N

certaines herbes, dont l'application emporte le venin, & les guerit.

Je restai le mois de Mars dans ce même lieu; le Pere *Zenoble* vint m'y retrouver au Printems, & nous estant allez rembarquer à l'ance que nous avions quittée, nous allâmes enfin aborder à *Missilimachinac*, au commencement d'Avril, à dessein d'y attendre M. de la Sale.

Depuis l'onziéme de Septembre 1681, que nous prîmes congé des Islinois, jusqu'au 1. d'Avril, sept mois s'étoient écoulez: Pendant cet intervale, M. de la Sale, sur l'avis que je lui avois donné par ma lettre, étoit descendu chez les Islinois, ave une bonne recruë, dans le dessein de nous secourir. Les Iroquois avertis de sa descente craignant de se trouver entr deux armées, s'en étoient retournez, & les Islinois étoient rentrez dans leurs possessions.

de la Sale n'en trouva pourtant que quelques-uns, les autres étant allé hyverner dans les bois; il exhorta ceux qui étoient restez, de rapeller leurs ens, les assurant qu'il alloit âtir un Fort, qui les mettroit à couvert de l'invasion de leurs ennemis; visita celui de *Crevecœur*, qui étoit toujours en même état, y mit une petite garnison de quinze ou seize Franois, avec un Commandant, es munitions & des armes. nsuite il remonta la riviere usqu'au grand village, où plusieurs familles Islinoises étoient revenuës; travailla aux enceintes de son nouveau Fort, & aïant appris par quelques coureurs de bois, que j'avois pris

Fort de Crevecœur.

ma route vers *Miſſilimachinac*, il se remit en chemin pour me venir joindre, aïant cependant laiſſé quelques soldats, & quelques ouvriers au Fort désigné, pour continuer son ouvrage & pour défendre ce poste.

Il n'arriva qu'environ le 15. Aouſt de l'année 1682. à *Miſſilimachinac*, lui sixiéme : là nous prîmes de nouvelles mesures pour achever la découverte que nous avions commencée : Il falut d'abord songer à faire de nouvelles provisions pour un voyage de si long cours. Ce fut dans cette vûë qu'aprés six jours de repos, M. de la Sale partit en canot, pour aller à Frontenac ; nous l'accompagnâmes, le Pere *Zenoble* & moi ; Aprés avoir heureusement vogué le premier jour, nous allâmes prendre terre à un village, nommé *Fe-*

jagou, appartenant aux Iroquois. M. de la Sale y trafiqua quelques pelleteries, & m'aïant ordonné de l'attendre-là avec le Pere *Zenoble*, il se remit en canot pour Frontenac. Il trouva sa barque en état, s'y munit de beaucoup de munitions & de vivres, y fit quelques nouveaux soldats, & m'envoïa huit jours aprés, sa barque chargée de nouveau monde, de bonnes marchandises, & de choses les plus necessaires. Nous la montâmes le Pere & moi, & allâmes le premier jour aborder à *Niagara*, au dessous du Saut; là il falut mettre nôtre bagage & nos marchandises sur des traineaux, & les conduire jusqu'au lac *Hyereo*, où nous nous rembarquâmes en canot au nombre de vingt personnes, tant soldats que matelots, avec nos meilleures marchandises. Aprés trois jours de navigation, nous allâmes prendre terre au bord de la riviere des *Miamis*, où nous étant cabannez, j'eus le tems d'y rassembler quelques François, quelques Sauvages *Abenaquis*, *Loups*, *Quicapous*, & autres. J'y augmentai nos munitions par le secours de la chasse, & j'y trafiquai quelques-unes de nos marchandises pour du blé d'Inde.

Ce fut là que M. de la Sale vint nous rejoindre vers la fin de Novembre ; le jour même de son arrivée, nous descendîmes en canot la riviere des *Miamis*, jusqu'à l'embouchure d'une autre nommée *Chicacou*, & nous la remontâmes jusqu'à un portage, qui n'est qu'à une lieuë de la grande riviere des Islinois. Ayant mis à bord en cet endroit, nous y passâmes la nuit avec un fort grand feu ; car le froid fut si rude, que le lendemain les rivieres furent glacées & impraticables. Il falut encore avoir recours au traineau, pour conduire nôtre bagage jusqu'au village des Islinois, où nous trouvâmes les choses dans le même état où M. de la Sale les avoit laissées ; le village étoit cependant plus peuplé ; ce qui nous donna occasion de nous remettre un peu de nos fatigues, & d'y renouveller nos provisions.

Les rivieres demeurant toujours glacées, nous nous vîmes obligez de recommencer nôtre chemin par terre ; le troisiéme de Janvier 1683. nous poussâmes nôtre traitte jusqu'à trente lieuës au dessous. Là, le tems se radoucit, & les glaces se fondirent ; ainsi la navigation nous aïant paru commode, nous nous mîmes en canot le 24. Janvier, & nous descendîmes la riviere des Islinois, jusqu'au fleuve *Mississipi*, où nous arrivâmes le 2. Février. A considerer la riviere des Islinois, depuis son premier portage, jusqu'à son embouchure dans ce fleuve, elle a bien cent soixante lieuës de cours navigable : Les environs en sont aussi delicieux, que fertiles ; on y voit des animaux de toutes especes, cerfs, biches, loups-cerviers, orignacs, bœufs sauvages, chévres, brébis, moutons, liévres, & une infinité d'autres, mais peu de castors : Pour des arbres, ce ne sont que bois à haute fustaïe, avec de grandes allées, qui semblent tirées au cordeau ; outre les ormes, les hestres, les platanes, les cedres, les noyers, les châteniers, on y voit des plaines toutes couver-

marginalia: Riviere des Islinois.

tes de grenadiers, d'orangers, de citronniers, en un mot de toutes sortes d'arbres fruitiers. En plusieurs endroits on y voit de grands ceps de vignes, dont les sarmens confondus parmi les branchages des plus grands arbres, soutiennent des grappes de raisin suspenduës, d'une grosseur extraordinaire.

Nous étant embarquez sur le *Mississipi*, nous suivîmes ce grand fleuve ; à six lieuës de l'embouchure de la riviere des Islinois, nous rencontrâmes celle des Ozages, dont le rivage & les environs ne sont ni moins agréables, ni moins fertiles ; il est vrai que son eau charrie une si grande quantité de limon, qu'elle altere celle du *Mississipi*, & la rend toute limoneuse jusqu'à plus de vingt lieuës aprés son embouchure ; ses rivages sont

Riviere des Ozages.

bordez de gros noïers; on y voit une infinité de chauffées faites par les caftors, & la chaffe y eft tres-grande & fort commune en remontant vers fa fource; fes bords font habitez par des Sauvages qui trafiquent beaucoup en pelleteries; nous paffâmes une nuit à l'embouchure de cette riviere.

Le lendemain, aprés dix lieuës de navigation, nous trouvâmes le village des *Tamaoas*, nous n'y rencontrâmes perfonne, les Sauvages s'étant retirez dans les bois pour hyverner; nous y fîmes pourtant quelques marques pour leur faire connoître que nous y avions paffé. Enfuite continuant nôtre route, nous tombâmes, aprés trois jours de courfe, dans l'embouchure de la riviere des *Ouabachi*, qui vient de l'Eft, & qui fe jette dans le *Miffiffipi*, à

en marge: Riviere des Ouabachi.

de l'Amerique Sept. 155

quatre-vingt lieuës de celle des Illinois : c'est par cette riviere que les Iroquois viennent faire la guerre aux Nations du Sud. Nous cabannâmes une nuit dans cet endroit ; aprés soixante lieuës de course, suivant toujours nôtre grand fleuve, nous prîmes terre à un bord habité par des Sauvages, nommez *Chicacha*. Ce fût-là que nous perdîmes un François de nôtre suite, nommé *Prudhomme*. La recherche que nous en fîmes pendant neuf jours, nous donna occasion de reconnoître plusieurs Nations, & de bâtir un Fort en ce lieu, pour servir aux François d'entrepause & d'habitation dans un païs aussi beau que celui-là.

Durant cet intervalle, deux de nos Chasseurs firent rencontre de deux Sauvages *Chicacha*,

Deux Chasseurs bien re-

ꞔus des Sauvages Chicacha.
qui leur offrirent de les conduire dans leur village. Nos gens entraînez par un esprit de curiosité, les suivirent ; ils furent fort bien reçus, ensuite comblez de presens, & priez par les Principaux de faire en sorte que nôtre Chef les honorât d'une visite. Nos gens tres-satisfaits de cet accueil, en firent leur rapport à M. de la Sale, qui le lendemain même s'y transporta avec dix de sa troupe ; il y reçut tous les bons traitemens qu'on peut attendre de peuples les plus civilisez, & n'eut aucune peine de leur inspirer les sentimens de soumission & d'obeïssance pour le Roy. Ces Sauvages même consentirent volontiers à la perfection de nôtre Fort.

Nation des Chicacha.
Cette Nation est fort nombreuse, & peut mettre deux mille hommes sur pié : ils ont tous

de l'Amerique Sept. 157
la face platte comme une assiette, ce qui est un trait de beauté parmi eux ; c'est pour cela qu'ils prennent soin d'applatir le visage de leurs enfans avec des tablettes de bois, qu'ils appliquent sur leur front, & qu'ils sanglent fortement avec des bandes : toutes ces Nations jusqu'au bord de la mer se donnent cette figure : tout abonde chez eux, blé, fruits, raisin, olives, poules domestiques, poulets d'Inde, outardes. M. de la Sale y aïant reçu de si bons rafraichissemens, & aprés leur avoir fait, par reconnoissance, presént de quelques couteaux, & de quelques haches, s'en vint retrouver ses gens. Enfin aprés neuf jours d'attente, *Prudhomme* qui s'étoit perdu dans le bois, où il n'avoit vécu que de gibier, revint nous rejoindre. M. de la Sale le chargea

Prudhōme
perdu
dans les
bois,
vientre-

joindre les Fra-çois.

du soin d'achever le Fort, qu'il nomma de son nom, & lui en donna le commandement; aprés quoi il reprit sa route sur le même fleuve, vers la fin du mois de Février.

Allarme causée par un tambour.

Nous fûmes trois jours sans débarquer; le quatriéme, aprés avoir fait cinquante lieuës, nous arrivâmes au village des *Cappa*: à peine eûmes-nous mis pié à terre, que nous entendîmes battre le tambour. D'abord croïant voir les ennemis à nos trousses, nous nous jettâmes dans nos canots, & passâmes à l'autre bord; ainsi nous fîmes aussi-tôt une redoute, pour nous mettre à couvert de toute surprise. Les Sauvages vinrent nous reconnoître en canot; nous leur envoïâmes quelqu'un de nos gens au devant, pour leur presenter le *Calumet*, ils l'accepterent volontiers, s'of-

Bons traittemens

frirent en même tems de nous conduire dans leur habitation, & nous promirent toutes sortes de secours. M. de la Sale ne balança pas à y aller ; cependant l'un des deux Sauvages prit le devant, pour donner avis de nôtre arrivée à ceux de sa nation. Leur Chef accompagné des principaux s'avança pour nous recevoir ; Dés qu'il vit M. de la Sale, il vint le saluer d'une maniere fort grave, d'ailleurs respectueuse ; lui offrit tout ce qui dépendoit de lui, & de sa nation ; & l'aïant pris par la main, il le conduisit dans sa cabanne. M. de la Sale marchant avec lui, témoigna combien il étoit sensible à ses honnêtetez, & lui fit entendre son dessein & ses intentions, qui ne tendoient qu'à la gloire du vrai Dieu, & à lui faire connoître la puissance du

que fît aux Fraçois les Sauvages Cappa.

Roi des François. Etant arrivez au village, nous vîmes une tres-grande multitude de peuple, au milieu de laquelle étoient plusieurs archers rangez par file. Le Chef, s'eſtant quelque tems arrêté, déclara à toute l'aſſemblée, que nous étions envoïez de la part du Roi de France, pour reconnoître l'Amerique Septentrionale, & recevoir ſes Peuples ſous ſa protection. Il ſe fit alors une acclamation generale, par laquelle ce peuple parut témoigner ſa joïe : & auſſi-tôt le Chef aſſura M. de la Sale de la parfaite ſoumiſſion de tout ſon peuple aux ordres du Roi ; le conduiſit dans ſa cabanne, & lui fit tous les bons traitemens poſſibles, auſſi-bien qu'à ceux de ſa troupe ; outre cela, il lui fit des preſens fort conſiderables ; par exemple, beaucoup de blé d'Inde, d'Inde, & d'autres provisions necessaires, dont M. de la Sale fut fort content, aussi-bien que de toutes ses honnêtetez. Cette Nation n'a presque rien de sauvage; ils jugent par leurs loix & par leurs coutumes; chacun y jouït de son bien en particulier, dans l'étenduë de sa terre. *Mœurs & coutumes des Cappa.*

A huit lieuës de-là sont les *Akancéas*, dont les terres ont plus de soixante lieuës: ils sont divisez en plusieurs villages, de distance en distance. Les *Cappa* nous donnerent deux guides pour nous mener jusqu'au premier, qu'on appelle *Togengan*: il est sur le bord d'un fleuve, nous y fumes tres-bien reçus: à deux lieuës de celui-ci, nous descendîmes en canot à celui de *Torimant*; & à six lieuës de ce dernier, dans un autre appellé *Ozotoni*. Nous fumes par tout *Nation des Akanccas.*

également bien reçus ; & com me nôtre arrivée avoit déja fai du bruit dans toute la Nation nous trouvâmes une fort nom breuse assemblée de peuple dan celui-ci ; ce qui obligea M. d la Sale d'y faire arborer les Ar mes du Roi, au bruit de nôtr Artillerie. L'éclat & le feu d nos armes imprima un tel re pect, & jetta une telle conste nation parmi toute cette multi tude, que leur Chef nous jur de la part de sa Nation, une in violable alliance. Ce climat, celui des *Cappa* est le même; est sur le 34. degré de latitude le païs abonde generalemen par tout, en grains, en fruits, e gibiers de toute nature & de tou tes especes : la temperature d l'air y est merveilleuse ; on n voit jamais de nége, très-peu d glace ; leurs cabannes sont bâtie

Armes du Roi arborées au bruit de l'artillerie.

Climat de ce païs,

de l'Amerique Sept. 163

e bois de cedre, toutes nattées
n dedans : ils n'ont aucun culte
eterminé ; ils adorent toutes {Religiõ de ses Habitans.}
ortes d'animaux, ou pour mieux
ire, ils n'adorent qu'une feule
ivinité, qui se manifeste dans
n certain animal, tel qu'il plaît
leur *Iongleur* ou *Prébitre*, de
e determiner; ainsi ce sera tan-
ôt un bœuf, tantôt un orignac,
antôt un chien, ou quelque au-
re; Quand ce Dieu sensible est
ort, c'est un deuil universel;
ais qui se change bien-tôt en
ne grande joïe, par le choix
u'ils font d'une nouvelle Di-
inité mortelle, qui est toujours
rise d'entre les Brutes.

Environ soixante lieuës au
essous de cette Nation, sont les {Taën-cas.}
Taencas, peuple qui ne cede ni
en force, ni en beauté de cli-
1at à aucun autre de l'Amerique. Les *Akancéas* nous donne-

O ij

rent des guides pour nous y conduire; nous étant mis en canot, nous suivîmes toujours le cours du grand fleuve. Dé la premiere journée nous commençâmes à voir des Crocodiles le long du rivage; ils sont en tres-grand nombre sur ces bords & d'une grosseur prodigieuse, il y en a de vingt ou trente piés. A voir un animal si monstrueux qui croiroit qu'il ne vient qu comme un poulet, & qu'il soi éclos d'un œuf ; aussi on remar que qu'il croît tous les jours d sa vie. Nous observâmes qu'ils nous fuïoient quand nous les poursuivions ; & que lorsqu nous les fuïions, ils nous pour suivoient ; nous les écartâmes coups de fusil, & nous en tuâ mes quelques-uns. Le jour sui vant, étant arrivez vis-à-vis du premier village des *Taencas*,

Crocodiles en grand nōbre.

M. de la Sale me députa vers le Chef, pour lui apprendre son arrivée, & me donna les deux guides *Akancéas*, avec deux *Abenaquis*, pour me servir de truchement.

Comme ce village est au-delà d'un lac qui a huit lieuës de tour, à demi lieuë du bord; il nous falut porter un canot d'écorce pour le traverser, nous le passâmes en deux heures. Dés que nous fûmes sur le rivage, je fus surpris de voir la grandeur du village, & la disposition des cabannes : elles sont disposées à divers rangs, & en droite ligne autour d'une grande place; toutes faites de bousillages, & recouvertes de nattes de canne ; Nous en remarquâmes d'abord deux, plus belles que les autres; l'une étoit la demeure du Chef; & l'autre le Temple ; chacune

Grandeur & disposition d'ũ beau village de Sauvages.

avoit environ quarante piés en quarré ; les murailles en étoient hautes de dix piés, & épaisses de deux : le comble en forme de dôme étoit couvert d'une natte de diverses couleurs : Devant la maison du Chef étoient une douzaine d'hommes armez de demi-piques : comme nous nous presentâmes, un Vieillard s'adressa à moi, & me prenant par la main, il me conduisit dans un vestibule, & de-là dans une grande salle en quarré, pavée & tapissée de tous côtez d'une tres-belle natte ; au fond de cette sale, en face de l'entrée, étoit un tres-beau lit, entouré de rideaux, d'une fine étoffe, faite & tissuë de l'écorce de meûriers. Nous vîmes sur ce lit, comme sur un thrône, le

Chef des Taëcas Chef de ce peuple, au milieu de quatre fort belles femmes,

environné de plus de soixante
vieillards armez de leurs arcs &
de leurs fléches; ils étoient tout
couverts de cappes blanches &
fort deliées ; celle du Chef
étoit ornée de certaines houp-
pes d'une toison differemment
colorée ; celles des autres
étoient toutes unies. Le Chef
portoit sur sa teste une thiare
d'un tissu de jonc tres-indus-
trieusement travaillé & relevé
par un bouquet de plumes differentes ; tous ceux qui étoient autour de lui, étoient nud-tête ;
les femmes étoient parées de Portrait des fem-
vestes de pareille étoffe ; por- mes de
toient sur leurs têtes de petits ces Sau-
vages.
chapeaux de jonc, garnis de
diverses plumes : elles avoient
encore des brasselets tissus de
poil, & plusieurs autres bijoux,
qui relevoient leur ajustement ;

elles n'étoient pas tout-à-fait noires, mais bises, le visage un peu plat, les yeux noirs, brillans, bien fendus, la taille fine & degagée, & toutes me parurent d'un air riant & fort enjoüé.

Surpris, ou plûtôt charmé des beautez de cette Cour sauvage, j'adressai la parole à ce venerable Chef, & lui dis au nom de M. de la Sale, qu'aïan l'honneur d'être envoiés de l part du *Roi de France*, le plu puissant des Rois de la terre pour reconnoître toutes les Nations de l'Amerique, & pour le inviter à vivre sous la domination d'un si grand Prince, nou venions leur offrir nôtre alliance & nôtre protection, sous laquelle toutes les Nations d'en haut

Discours adressé au Chef de ces Sauvages.

haut s'étoient déja rangées : que nous prétendions nous établir dans ce païs, c'étoit moins pour les assujettir sous un joug rigoureux, que pour les maintenir ous par la force de nos armes, ans les bornes de leurs possesions, & pour leur faire part de os plus beaux Arts & de nos ichesses ; moins pour leur ravir eurs trésors, que pour leur aprendre à s'en servir ; moins pour eur ôter leurs terres, que pour eur enseigner à les bien cultiver, & pour leur ouvrir par la avigation le commerce des nôtres ; moins enfin pour être leurs ouverains & leurs Maitres, que our être leurs amis & leurs freres.

Le Chef aprés m'avoir attentivement écouté, & un de nos *benaquis* lui aïant expliqué le ens de mon discours, m'embras- Sa réponse.

P

fa., & me répondit d'un air doux & riant, que sur le rapport que je lui faisois de la grandeur de nôtre Monarque, il avoit déja conçu pour sa Majesté tous les sentimens de veneration & de respect qu'on devoit à un si grand Prince ; qu'il auroit le lendemain l'honneur de voir M. de la Sale, & de l'en assurer plus particulierement. Là-dessus je lui offris de la part de M. de la Sale, une épée damasquinée d'or & d'argent, quelques étuis garnis de rasoirs, ciseaux & couteaux, avec quelques bouteilles d'eau de vie. Je ne saurois assez exprimer avec quelle joïe il reçut tous ces petits presens ; Je m'apperçus cependant qu'une de ses femmes maniant une paire de ciseaux, & en admirant la propreté, me souriroit de tems en tems, & sembloit m'en de-

Presens qu'on lui fit.

Une de ses femmes témoignent finement le desir qu'elle a

mander autant ; Je pris mon
tems pour m'approcher d'elle,
& aïant tiré de ma poche un pe-
tit étui d'acier travaillé à jour,
où il y avoit une paire de ciseaux,
& un petit couteau d'écaille ; &
faisant semblant d'admirer la
blancheur & la finesse de sa ves-
te , je lui mis finement l'étui
dans la main: En le recevant elle
serra fortement la mienne , &
me fit concevoir par-là, *que ces
femmes n'ont pas tout-à-fait le
cœur sauvage*, & qu'elles pour-
roient bien s'apprivoiser avec
nous. Une autre de la compagnie,
qui n'étoit ni moins propre , ni
moins agreable que celle-ci,
nous étant venu joindre , me
fit entendre , en me montrant
les épines qui servoient d'at-
tache à sa juppe, que je lui ferois
plaisir de lui donner des épin-
gles; Je lui en donnai un rouleau

d'avoir une paire de ciseaux.

Une autre femme demande des épingles.

P ij

de papier garni, avec un étui d'aiguilles, & un dé d'argent. Elle reçut ces colifichets avec une joie tout-à-fait grande : j'en donnai autant aux deux autres. La mieux faite, & celle qui paroissoit la plus aimable, aïant pris garde que j'admirois le collier qu'elle portoit à son coû, elle le detacha adroitement, & me l'offrit d'une maniere tout-à-fait honneste : Je me défendis quelque temps de l'accepter : mais le Chef lui aïant fait signe de me le donner, je ne pûs me dispenser de le recevoir, à dessein de le presenter à M. de la Salle. Pour lui témoigner ma reconnoissance, je lui donnai dix brasses de rasade bleuë, qu'elle me parut estimer pour le moins autant.

Regal donné. Cependant comme le jour declinoit, je voulus prendre con-

gé du Chef de cette Nation ; *par les Sauvages.*
mais il me pria fortement d'attendre au lendemain, & me remit entre les mains de quelques-uns ses Officiers, avec ordre de me faire bonne chere. Je n'eus pas beaucoup de peine à me rendre à ses offres ; & l'envie que j'avois d'apprendre leurs mœurs & leurs maximes, me fit rester avec plaisir. On me conduisit d'abord dans un appartement meublé à peu prés comme celui du Prince : on m'y donna une collation mêlée de gibier & de fruit, je bûs même quelques liqueurs.

Pendant ce tems-là je m'entretenois avec un vieillard, qui *Leur devoûment pour leur Chef.* me satisfit sur tout ce que je lui demandois. Pour ce qui concernoit leur Politique, il me dit qu'ils ne se gouvernoient que par la seule volonté de leur Chef ; qu'ils le reveroient com-

P iij

me leur Souverain ; qu'ils reconnoissoient ses enfans comme ses legitimes Successeurs ; que lorsqu'il mouroit, on lui sacrifioit sa premiere femme, son premier Maître-d'hôtel, & ving hommes de sa Nation, pour l'accompagner dans l'autre monde : Que durant sa vie, personn ne buvoit dans sa tasse, ni n mangeoit dans son plat, ni n'o feroit passer devant lui quand il marche : qu'on prend soin non seulement de nettoïer le chemin par où il passe, mais d le joncher d'herbes & de fleurs odoriferantes. J'observai dans le peu de tems que je fus en sa presence, que s'il parloit à quelqu'un, avant que de lui répondre, il faisoit de grands hurlemens ; Je priai ce bon vieillard de m'en dire la raison : il me dit que ces hurlemens étoient des marques d'admiration & de

respect. A l'égard de leur Reli- **Leur**
gion, il me dit qu'ils adoroient **Religion.**
le Soleil, qu'ils avoient leurs
Temples, leurs Autels & leurs
Prêtres ; Que dans ce Temple
ils y entretenoient un feu per-
petuel, comme le symbole du
Soleil ; qu'à tous les declins de
la Lune, ils portoient par forme de Sacrifice, à la porte du
Temple, un grand plat de leurs
mêts les plus delicats, dont leurs
Prêtres font une offrande à leur
Dieu ; & qu'ensuite ils l'empor-
toient chez eux pour en faire
grand'-chere.

A l'égard de leurs Coûtumes, **Leurs**
que tous les Printems ils vont **Coutumes.**
en troupe dans quelque lieu é-
carté, défricher un grand espace de terre, qu'ils piochent
tous au son du tambour ; qu'ensuite ils prennent soin d'appla-
nir la terre, d'en faire un grand

P iiij

champ, qu'ils appellent *le Desert*, ou *le Champ de l'esprit*. En effet, c'est-là qu'ils vont entretenir leurs rêveries, & attendre les inspirations de leur prétenduë Divinité. Cependant comme tous les ans cet exercice se renouvelle, il arrive qu'ils défrichent insensiblement toutes leurs terres, & qu'elles leur rapportent par-là de plus grands revenus. En Automne ils cueillent leur blé d'Inde ; ils le gardent dans de grands panniers jusqu'à la premiere Lune du mois de Juin de l'année suivante. En ce tems-là les familles s'assemblent, & chacun invite ses amis, ou ses voisins à venir manger de bons gâteaux, à quoi ils joignent de la viande, & ainsi ils passent la journée en festins.

Voilà tout ce que je pus apprendre ce jour-là de leur Religion, de leur Gouvernement & de leurs Coûtumes. Le lendemain j'eus la curiosité de voir leur Temple avant mon départ, le même vieillard m'y accompagna : La structure en dehors en est toute semblable à celle de la maison du Chef ; Il est enfermé dans le circuit d'une grande muraille, l'espace qui est entre-deux, forme une espèce de parvis, où le peuple se promene ; on voit au dessus de cette muraille un grand nombre de piques, sur la pointe desquelles on met les têtes des ennemis, ou des plus grands criminels : Au dessus du frontispice on voit un gros billot fort élevé, entouré d'une grande quantité de cheveux, & chargé d'un tas de chevelures en forme de trophée. Le dedans du Temple n'est qu'u-

Leur Tēple.

ne nef peinte ou bigarrée en haut par tous les côtez, de plusieurs figures differentes. On voit au milieu de ce Temple un grand foïer qui tient lieu d'autel, où brûlent toujours trois grosses buches mises de bout en bout, que deux Prêtres revétus de grandes cappes blanches, prennent soin d'attiser. C'est autour de cet Autel enflâmé, que tout le monde fait ses prieres, avec des hurlemens extraordinaires. Ces prieres se font trois fois le jour, au lever du Soleil, à midi, & à son coucher. On m'y fit remarquer un cabinet menagé dans la muraille ; le dedans m'en parut tresbeau, je n'en pûs voir que la voute, au haut de laquelle étoient suspendus les corps de deux aigles deploïées & tournées vers le Soleil ; je demandai à y entrer; mais on me dit que c'étoit-là le Tabernacle de leur Dieu, & qu'il n'étoit permis qu'à leur grand-Prêtre d'y entrer. J'appris cependant que c'étoit-là le lieu destiné pour la garde de leurs trésors & de leurs richesses, comme perles fines, pieces d'or & d'argent, pierreries, & même plusieurs marchandises européennes, qu'ils trafiquent avec leurs voisins.

Aprés avoir vû toutes ces curiositez, je pris congé de ceux qui m'accompagnoient. Je m'en retournai avec mes deux interpretes vers M. de la Sale, à qui je rendis un compte fidele de tout le bon traitement que j'avois reçû du Chef des *Tacucas*, de sa magnificence, & sur tout de la disposition où il étoit de reconnoître l'autorité du Roi.

Quelque tems aprés, nous le Leur Chef

va visiter M. de la Sale. vîmes arriver dans une piroque magnifique, au son du tambour & de la musique des femmes qui l'accompagnoient ; les unes étoient dans sa barque, les autres voguoient à côté de la sienne. M. de la Sale le reçut avec un respect mêlé d'un certain air de gravité, qui répondoit au caractere qu'il devoit soutenir en cette rencontre ; il le remercia de l'honneur de sa visite, & lui témoigna qu'il ne la recevoit qu'au nom du Prince, de la part duquel il étoit envoïé ; Que ne doutant pas qu'il ne fût dans les sentimens de reconnoître sa puissance, il l'assuroit de sa protection & de son amitié roïale. Le Chef des *Tacucas* répondit, que ce qu'il avoit appris de la grandeur du *Roi des François*, & de la valeur de ses Sujets, ne lui avoit pas permis de balaneer un moment sur les hommages qu'il venoit lui rendre en sa personne; & que tout Souverain qu'il étoit, il se soumettoit volontiers à la puissance de nôtre grand Roi, & qu'il seroit ravi de meriter par ses services nôtre protection & nôtre alliance. Aprés ces protestations d'amitié de part & d'autre, ils se firent des presens reciproques. M. de la Sale lui offrit deux brasses de rasade, & quelques étuis pour ses femmes. Ce Chef des Sauvages lui donna six de ses plus belles robes, un collier de perles, une piroque toute remplie de munitions & de vivres; aprés quoi l'on apporta une douzaine de caraffes d'eau de vie preparée avec le sucre & le noyau d'amande & d'abricot. La Santé du Roi y fut buë au bruit de nôtre artillerie; ensuite celle du Chef des *Tacucas*; aprés quoi il remonta sur sa piroque, & s'en retourna tres-content.

Nous restâmes encore sur ce bord toute la journée; nous prîmes hauteur, & nous nous trouvâmes au vingt-cinquiéme degré de latitude. Le lendemain 22. Mars de la même année 1685. nous allâmes coucher à dix lieües de-là.

M. de la Sale, aïant apperçu une piroque qui venoit nous reconnoître, m'ordonna de lui donner la chasse. Je courus d'abord vers elle; mais comme j'étois sur le point de la prendre, plus de cent hommes parurent sur le bord de l'eau, l'arc bandé, tout prêts à nous tirer. M. de la Sale me fit faire signe par de grands cris, de n'aller pas outre; & m'étant aussi-tôt venu joindre avec son monde, nous allâmes nous camper vis-à-vis d'eux, le mousquet en jouë. Cette contenance les aïant étonnez, ils mirent les armes bas; & je fus sur le champ commandé pour leur aller porter le *Calumet*. Aprés les avoir abordez, je leur offris le collier de paix; ils l'accepterent de bonne grace, m'embrasserent, & me firent connoître qu'ils vouloient être de nos amis. M. de la Sale, aïant remarqué la maniére obligeante dont ils m'avoient reçu, vint nous joindre au même bord; Aussi-tôt ces Sauvages, l'aïant reconnu pour nôtre Commandant, lui rendirent toutes sortes d'honneurs. Il leur témoigna qu'il n'éxigeoit rien d'eux qu'une reconnoissance & qu'une soumission volontaire aux ordres de nôtre grand Monarque: à quoi il ajouta l'exemple des Nations superieures, & se servit des mêmes raisons dont il s'étoit servi en de pareilles occasions. Ils lui répondirent qu'ils avoient leur Chef, & qu'ils ne pouvoient rien faire que par son ordre; qu'ils s'offroient de le faire venir vers nous, ou de nous conduire jusqu'à son habitation. M. de la Sale toujours fort aise de reconnoître la situation, les mœurs, & les facultez de toutes ces Nations, prit ce dernier parti. Leur village étoit à quatre grandes lieuës du bord du fleuve; nous n'y fûmes pas plûtôt arrivez, que le Chef vint nous recevoir: Il nous conduisit dans sa cabanne, où il nous regala tres-bien. C'étoit le Chef de la Nation des *Naches*. Ce peuple est partagé en deux dominations; celle-ci étoit la moindre; leurs terres ne vont pas à plus

Naches partagez en deux dominations.

plus de vingt lieuës à la ronde.

Le Prince qui commande à ces peuples, pria M. de la Salle de vouloir bien accepter quelques presens du païs. M. de la Salle lui donna une hache, une marmite, & quelques couteaux. Nous en reçûmes encore quelques provisions ; & nous nous separâmes tres-satisfaits les uns des autres. Il nous fit donner deux guides pour nous accompagner jusques dans l'autre Nation du même nom, qui est dix lieuës plus avant dans les terres.

Nous étant mis en chemin sous la conduite de nos guides, nous arrivâmes, le soir même, au village des *Naches*. Cette Nation peut mettre en tout tems trois mille hommes sous les armes. Leurs terres portent du blé d'Inde, de toutes sortes de fruits, des oliviers & des vignes. On y voit de vastes prairies, de grandes forêts, de toutes sortes de bestiaux ; la pesche

Autres Peuples appellés Naches.

& la chasse font leurs occupations & leurs richesses.

Le Chef nous reçut avec joïe; nous fit present de provisions de bouche, & nous regala de tout ce qu'il avoit de meilleur. Le lendemain de nôtre arrivée, nous y arborâmes les Armes du Roi au bruit de nos mousquets; aprés quoi, nous prîmes congé de leur Chef, qui nous assura d'une parfaite soumission.

Etant rentrez dans nos canots, aprés huit lieuës de navigation, nous descendimes au village de Coroas. Le Chef nous y fit le même accueil que les autres nous avoient fait.

Coroas, village de Sauvages.

Le lendemain, 27. Mars 1683. nous cabannâmes à l'embouchure d'une riviere, qui vient de l'Oüest: on la nomme *la Sabloniere*. A dix lieuës de là, nous remarquâmes qu'elle se partage en trois canaux. Je pris celui de la droite. M. de la Fo-

La Sabloniere riviere divisée en trois canaux.

plus de vingt lieuës à la ronde; & leurs plus grands revenus se tirent de la pesche des perles, qu'ils vont faire avec des piroques à la mer.

Il y a parmi cette Nation un ort grand nombre de *Plongeurs*, qui vont au fond de l'eau chercher aux pieds des rochers ces recieuses écailles. Les jours qu'il fait beau, on voit, sur les vances des rochers, ce riche oquillage s'ouvrir pour recevoir la rosée du Ciel. Cette rosée fait éclorre au dedans de la acre, les premiers germes de la perle, comme autant de petits grains blancs, fortement attachez à sa coquille : ces grains grossissent peu à peu, & acquierent, enfin avec leur blancheur, une parfaite dureté. L'on remarque que les perles qu'on tire du fond de la mer, ont l'eau

Plongeurs.

Comment se forment les Perles.

plus belle que celles qu'on trouve sur les rochers ; que le Solei
en ternit l'éclat, & que le ton
nerre en étouffe les semences.

 Ce petit Prince en offrit quel
ques douzaines d'entieres & d'af
fez grosses, à M. de la Sale, qu'
lui donna en revanche une ha
che, une marmite, & quelque
couteaux. Nous reçûmes encor
de leur part quelques provisions;
& aprés avoir resté-là un jou
entier, nous en partîmes le len
demain tres-satisfaits les uns de
autres. Ils nous donnerent deu
guides pour nous accompagne
jusques dans l'autre Nation du
même nom, qui est dix lieuës
plus avant dans les terres. Pendant ce tems-là, M. de la Sale
renvoïa deux de ses gens porter
de nouvelles provisions à ceux
qui l'attendoient au bord de
l'eau, avec ordre de l'aller at-

tendre dix lieuës plus bas, le long du fleuve.

Nous étant donc mis en chemin sous la conduite de nos nouveaux guides, nous arrivâmes le soir même au grand village des *Naches*. Cette Nation peut facilement mettre en tout tems trois mille hommes sous les armes. Leurs terres sont tres-bien cultivées, portent du blé d'Inde, de toutes sortes de fruits, des oliviers & des vignes. On y voit de vastes prairies, de grandes forêts, de toutes sortes de bestiaux ; la pesche & la chasse sont leurs occupations & leurs richesses.

Autres Peuples appellés Naches.

Le Chef nous y reçut avec beaucoup de joïe ; nous fit de fort beaux presens, tant de perles que de vivres, & nous regala de tout ce qu'il avoit de meilleur. Le lendemain de nôtre arrivée, nous y arborâmes les Armes du Roi, au bruit de nos mousquets ; aprés quoi nous prîmes congé de leur Chef, qui nous assura de sa parfaite soumission, & nous allâmes retrouver nos gens avec de nouvelles provisions.

Etant rentrez dans nos canots, aprés huit lieuës de navigation, nous nous trouvâmes au village de *Coroas*. Le Chef nous y fit le même accueil, & nous rendit les mêmes hommages que les autres.

Coroas village de Sauvages.

Le lendemain 27. Mars 1683. nous cabannâmes à l'embouchure d'une grande riviere, qui vient de l'Oüest, nommée *la Sablonniere*. A dix lieuës de-là continuant nôtre route, nous trouvâmes que le fleuve se partageoit en trois canaux. Je pris celui de la droite. M de la Fo-

La Sablonniere riviere divisée en trois canaux.

rêt celui de la gauche, & M. de la Sale celui du milieu. Nous suivîmes chacun nôtre canal, environ dix lieuës, & peu de tems aprés, nous nous trouvâmes reünis par une espece de confluent sur le même fleuve. A peine eûmes-nous fait six lieuës ensemble, que nous apperçûmes des pescheurs sur le bord de l'eau : c'étoient des *Quinipissas*. Dés qu'ils nous virent approcher, ils allerent avertir leurs gens ; aussi-tôt nous entendîmes battre le tambour, & le rivage fut bordé de Sauvages armez d'arcs & de fléches ; nous voulûmes envoïer quatre François à la découverte, mais ils furent rudement repoussez à force de traits ; quatre de nos Sauvages voulurent s'avancer de même, ils furent également traitez ; de sorte que M. de la Sa-

Quinipissas Sauvages.

le ne voulant rien risquer, & n'étant point d'humeur à forcer ces gens-là, il trouva plus à propos de les laisser en repos, que de passer outre.

A douze lieuës des *Quinipissas*, nous tombâmes sur la droite, dans le village de *Tangibao*; nous le trouvâmes pillé, saccagé & quantité de corps morts entassez les uns sur les autres. Ce spectacle nous fit fremir, & jugeant bien qu'il ne faisoit pas bon sur ces rivages, nous passâmes plus loin; & aprés dix lieuës de chemin, nous commençâmes à nous appercevoir que l'eau étoit salée, la plage nous parut plus étenduë, & toute semée de coquilles differemment figurées, les unes en gondoles, les autres en pointes spirales, & toutes ornées de plusieurs couleurs. Nous allâmes plus avant, & a-

marginalia: Tangibao, village.

prés une heure de navigation, nous nous mîmes en un canot sur la mer, nous côtoïâmes le rivage, environ un grand quart de lieuë, pour mieux connoître les bords, & nous revinmes enfin prendre terre à l'embouchure de nôtre fleuve.

Ce qui arriva le 7. Avril de l'année 1683. D'abord nôtre premier soin fut de rendre graces à Dieu, de nous avoir si heureusement conduits jusqu'au terme de nôtre voïage, aprés plus de huit cent lieuës de navigation & de course avec si peu de monde, si peu de munitions, & au travers de tant de Nations barbares, que nous n'avions pas seulement decouvertes, mais en quelque façon soumises. Nous chantâmes le *Te Deum*; ensuite de quoi, portant nos canots & nôtre équipage sur des traineaux,

Terme de la navigation.

nous allâmes cabanner un peu au dessus de la plage, pour nous mettre à couvert du reflux qui la couvre toute entiere, aprés l'avoir laissée à sec pendant six heures.

Aïant choisi le lieu de nôtre nouveau campement, nous attachâmes une Croix au haut d'un gros arbre, & nous y arborâmes les Armes de France ; aprés quoi nous construisîmes trois ou quatre cabannes auprés, au milieu de quelques retranchemens. Ensuite M. de la Sale prit ses points de hauteur pour determiner l'embouchure du *Mississipi*. Les Espagnols qui l'avoient inutilement cherchée, avoient déja donné à ce fleuve le nom *del Rio ascondido* : Selon le calcul de M. de la Sale, c'est entre le 22. & 23. degré de latitude, qu'il se jette dans le Golphe Mexique

Mississipi, son embouchure.

Mexique, par un gros canal qui a deux lieuës de largeur, qui est profond, & tres-praticable. Avant que de quitter ses bords, M. de la Sale voulut un peu les reconnoître. Il est constant qu'auprés de la mer ils sont inhabitables, tant à cause des frequentes inondations du Printems, que pour la sterilité de la plage. Ce n'est par tout ce païs, que cannes, ronces, & bois renversez; mais environ une lieuë & demie dans les terres, c'est le plus beau sejour du monde; grandes prairies, bois francs, remplis de meûriers, noïers, chastaigners. On y voit des campagnes couvertes de toutes sortes d'arbres fruitiers, d'orangers, de citronniers, de grenadiers; des côteaux chargez de vignes; des champs qui portent deux fois l'an du blé d'Inde. On voit

ses bords.

R

dans les étangs, ou sur les rivieres, toutes sortes d'oiseaux aquatiques, comme canards, oyes, macreuses, plongeons; dans les bois & dans les campagnes toutes sortes de volatiles, perdrix, faisans, cailles; d'animaux à quatre piés de toutes especes, sur-tout de gros bœufs qu'on appelle *Cibolas*: ils sont beaucoup plus gros que ceux dont nous avons déja parlé, & bossus depuis le chignon du coû, jusqu'au milieu du dos; ils paissent dans les cannes, & s'attroupent jusqu'au nombre de quinze cent. On en fait la chasse d'une maniere assez particuliere; Comme ils sont au milieu de ces cannes dans des forts impenetrables, les Sauvages font un grand circuit autour, & y mettant le feu par divers côtez, sur-tout quand le vent souffle un peu plus fort qu'à l'ordinaire;

Cibolas, espece de gros bœufs.

Cómết s'en fait la chasse.

ils excitent un grand incendie, tout l'air eſt d'abord rempli de fumée, laquelle ſe change en flâme en un moment ; & la rapidité du feu jointe au bruit effroïable que fait cette forêt fragile & brulante, jette l'épouvante dans le troupeau. Ces gros bœufs effraïez fuïent de toutes parts ; les Sauvages perchez de diſtance en diſtance ſur des arbres, dardent les uns, tirent ſur les autres, & en font une boucherie incroïable. Par un hazard fortuné, les Sauvages *Tangibao, Quinipiſſas, Naches*, (car pluſieurs Nations ſe joignent enſemble pour cette chaſſe) firent une chaſſe pendant nôtre ſejour, & nous y profitâmes de trois gros bœufs, qu'ils nous abandonnerent ; & les aïant dépecez, nous en fîmes bonne-chere pendant trois jours, & nous en eûmes encore de reste pour le jour de nôtre depart.

M. de la Sale voulant aller faire part de ses decouvertes à M. le Comte de Frontenac, & desirant confirmer les peuples qu'il avoit reconnus, dans les bons sentimens qu'ils avoient déja conçus pour nôtre Nation, resolut de remonter le même fleuve vers les Illinois ; de là regagner les Lacs, pour aller à *Quebec*, & ensuite faire voile en France, à dessein d'informer la Cour de ses voïages & de ses découvertes.

L'onziéme d'Avril de la même année 1683. nous nous remîmes en canot sur le même fleuve : Nous étions au nombre de soixante personnes. Comme ce fleuve, environ cinquante lieuës au dessus de la mer, se divise en trois grands canaux, qui se réünissent en un seul, nous arrivâmes dés la premiere journée au confluent de ces trois bras, & la sixiéme aprés, à la pointe de sa division. Là les vivres aïant commencé à nous manquer, il falut pourvoir à cette necessité. Nôtre premiere ressource furent les *Crocodiles*; nous en tuâmes d'abord deux d'une mediocre grandeur; la chair en est ferme, blanche & d'un tres-bon goût; elle a la fermeté du Thon, & la douceur du Saumon; nous nous en regalâmes pendant quelques jours, mais le courant du fleuve nous paroissant de jour en jour plus rapide, nous fûmes obligez d'aller par terre, & de conduire nôtre équipage avec des traineaux jusqu'aux *Quinipissas*. Comme ce peuple nous avoit tres-mal reçu en descendant, nous crûmes devoir prendre nos mesures pour nous le rendre

Crocodiles servent de nourriture.

plus traitable ; c'est pourquoi nous envoïâmes deux *Abenaquis*, & deux *Loups* à la découverte. Ceux-ci n'aïant rencontré que quatre femmes, nous les amenerent le soir même. Cette capture nous fit plaisir, & nous esperâmes pouvoir par-là reduire ces Sauvages à tout ce que nous voudrions. Il est vrai que nous en usâmes à l'égard de ces femmes avec toute la discretion & l'honnêteté possible ; & le lendemain nous étant approchez de leur village, nous leur en renvoïâmes une avec quelques presens, pour leur témoigner que nous ne voulions que leur amitié, & quelque secours de vivres. Elle leur fit montre de quelques paires de ciseaux, de quelques couteaux que nous lui avions donnez ; leur fit rapport de nôtre bon traitement, &

marginalia: Quatre femmes des Quinipissas prises.

de nos intentions. D'abord quatre des Principaux de leur Nation vinrent nous apporter quelques munitions, & nous inviter à venir nous réjouïr dans leur habitation. Nous remîmes les trois autres femmes entre leurs mains, comme nous les avions prises; & nous nous approchâmes d'eux, en nous tenant toujours sur nos gardes. Dés que nous fûmes arrivez à leur village, ils nous presenterent de leurs fruits, & quelques oiseaux de riviere assez bien apprêtez. Aprés nous être remis, nous nous retirâmes environ cent pas à l'écart, & cabannâmes ce soir entre leur village & le fleuve. Dés la pointe du jour, ces traîtres nous environnerent, & nous attaquerent; mais ils ne nous trouverent point endormis; nous avions fait sentinelle toute la nuit, & dés leur pre-

Caractere des peuples, nōmez Quinipissas.

R iiij

miere approche, nous fûmes en état de les repousser ; nous en jettâmes d'abord cinq ou six par terre, le reste prit la fuite, & les aïant poursuivis, nous nous contentâmes d'en tuer encore deux ou trois autres, & leur chevelure nous servit à faire un trophée.

Delà nous poussâmes jusques aux *Naches* ; nous y avions caché du blé d'Inde en descendant, nous l'y retrouvâmes en fort bon état ; le Chef nous y vint aussi-tôt recevoir. M. de la Sale, aprés les premieres civilitez, lui presenta les chevelures des *Quinipissas*, les plus grands ennemis de sa Nation. Ce present ne lui déplut pas, & lui fit concevoir que nous n'étions pas gens à nous laisser insulter impunement. Il nous fit d'abord presenter quelques rafraîchissemens, que nous acceptâmes volontiers. Cependant nous prîmes garde qu'il n'y avoit point de femmes dans leur village ; ce qui nous fit soupçonner quelque méchant dessein de leur part : Nous mangions & buvions à bon compte, comme gens qui ne se mêlent de rien, cependant sans quitter nos armes. Quelque tems aprés, nous vîmes arriver à la file grand nombre de combattans ; nous nous mîmes d'abord en défense; le Chef nous pria de ne point entrer en aucune défiance. Il s'avança vers ses gens, leur commanda de faire alte à une certaine distance, & revint nous assurer que c'étoit quelques-uns des leurs qui venoient de la petite guerre contre les Iroquois; & que toute leur Nation n'avoit d'autre dessein, que de se maintenir dans nôtre amitié. Il accompagna ses paroles de quelques presens, & de quelques nouvelles provisions; & les aiant acceptées de bon cœur, nous laissâmes par reconnoissance une partie de nos canots, qui nous embarassoient; & nous nous retirâmes sains & sauves; mais nous n'en fûmes redevables qu'à nôtre précaution.

Ensuite nous continuâmes nôtre route vers les *Tacucas*, & les *Akancéas*, qui nous firent les mêmes honnêtetez qu'en descendant. C'est ainsi que passant au travers de tant de differens peuples, nous éprouvions la fidelité des uns, & l'infidelité des autres; & que joignant la vigilance à la douceur & à la fermeté, non seulement nous nous mettions à couvert de leurs embûches, mais encore nous savions les mettre à la raison, &

ses reduire à nôtre obéissance.

Nous prîmes congé des *Akanséas* le 12. jour de Mai; Nous poussâmes jusqu'à l'embouchure de la riviere des Islinois; ensuite nous continuâmes nôtre route le long de ses bords, en remontant jusqu'au Fort *Prudhomme*, où M. de la Sale tomba dangereusement malade. Le Pere Gabriel resta auprés de lui, avec une bonne partie de son monde; & je fus commandé avec vingt hommes, pour aller à *Missilimachinac*, mettre ordre à ses affaires. Je me separai d'avec lui le 15. Mai de la même année 1683. {Fort Prudhôme.}

J'allai coucher la premiere journée chez les *Ouabaches*, qui me reçurent tres-bien.

A vingt lieuës plus haut, je fis rencontre de quelques Iroquois. Ces Sauvages si terribles d'ailleurs, paroissent doux quand ils {Iroquois, leur caractere.}

sont les plus foibles, & sont gens sans pitié, quand ils ont l'avantage. Ceux-ci qui n'étoient qu'au nombre de cinq, me dirent que j'allois bien-tôt donner dans une troupe de plus de quatre cens hommes bien armez. Cet avis m'obligea de me tenir sur mes gardes: En effet, à peine eûmes-nous fait un quart de lieuë, que nous découvrîmes une petite armée. A la verité, il n'y a pas plaisir de trouver sur ses pas ces Barbares attroupez, sur-tout quand ils n'ont pas fait coup; nous ne laissâmes pas d'aller nôtre chemin. Ils nous parurent d'abord des Iroquois, & ce n'étoit que des *Tavaroas*, qui s'étoient joints avec quelques Islinois. Eux de leur côté nous voïant avec nos armes à feu, nous prirent aussi pour des Iroquois, & firent mine de nous vouloir envelopper, à dessein de nous brûler ; car c'est le moindre châtiment qu'on fait souffrir à ces barbares, quand on les tient : Telle est l'horreur que toutes les Nations ont pour eux ; mais les Islinois nous aïant reconnus, les *Tavaroas* débanderent leurs arcs, & nous firent part de leurs munitions. Nous poursuivîmes nôtre route jusqu'à la riviere *Chicacou* ; & aprés vingt journées de traitte, nous arrivâmes enfin vers le commencement du mois de Juillet à *Missilimachinac*, où nous attendîmes M. de la Sale, qui nous y vint joindre au mois de Septembre de la même année. Il n'y resta que trois jours, pour donner quelque ordre à ses affaires. Il me chargea du soin d'aller achever le Fort *S. Loüis*, m'en accorda le Gouvernement, avec

Traitement que leur font les autres peuples.

un plein pouvoir de difpofer de[s] terres des environs, & remi[t] tout fon monde fous mon com[-]mandement, à la referve de fi[x] François qu'il prit avec lui pou[r] l'accompagner jufqu'à Quebec[.] Nous partîmes le même jour, lui pour le Canada, moi pou[r] les Ilinois.

Je pris d'abord mon chemi[n] vers les *Miamis*, à la tête d[e] quarante hommes, tant Françoi[s] que Sauvages. J'y arrivai le fi[-]xiéme de Janvier 1684. J'en vi[-]

Fort chez les Miamis

fitai le Fort qui étoit en fort bo[n] état. J'y laiffai dix hommes d[e] ma troupe bien armez ; enfuit[e] m'étant remis en chemin, je m[e] rendis à la fin du mois au For[t] *S. Loüis* ; j'y fis travailler auffi-tôt ; & en moins de deux moi[s] je le mis dans fa derniere perfe[-]ction. J'invitai auffi-tôt toute[s] les Nations voifines à y veni[r]

Je n'eus pas beaucoup de peine à les y attirer: la beauté du païs, la fecondité des terres, la commodité d'une riviere tres-marchande, le voisinage de cent Nations differentes, la proximité de ces étangs, ou plutôt de es petites mers, qui ouvrent le commerce à toute l'Amerique Septentrionale, depuis le fleuve S. Laurent, jusqu'au Golphe Mexique: Enfin, la situation avantageuse de ce nouveau Fort, qui devoit servir de rempart aux nouveaux habitans de ces Terres, contre l'irruption des Barbares, il n'en faloit pas davantage pour inviter toutes les Nations des environs à y venir faire des habitations. On vit en tres-peu de tems plus de cinq cent cabannes bâties sur ces bords; & en moins de deux mois il y eut un concours merveilleux de tous ces peuples différens. Cela seul peut facilemen faire comprendre avec quell facilité l'on pourroit humanis ces Nations sauvages, si l'on s donnoit la peine de les apprivoi ser par de petites Colonies de no Européans : car en quelque pe tit nombre qu'ils puissent être ils sont parmi ces Barbares com me le ciment de la concorde de la societé civile.

Arrivée de M. de la Sale à Quebec. Cependant M. de la Sale étant arrivé à Quebec, eut le chagrin de n'y pas rencontrer M. l Comte de Fontenay ; il étoit re passé en France par ordre de l Cour. Dés son arrivée, il n manqua pas d'informer toute l Ville de ses grandes découver tes, & de la soumission volon taire de tant de Nations diffe rentes à la puissance du Roi. O chanta le *Te Deum*, en action d grace graces pour cet heureux accroissement de gloire à la Couronne. L'empressement qu'avoit M. de la Sale, d'aller faire part au Roi & à ses Ministres, du succés de ses voïages, l'obligea à presser son depart. Il partit du Canada au commencement d'Octobre de l'an 1684. Mais avant que de faire voile, il m'envoïa M. le Chevalier *de Bogia*, comme un homme qui lui avoit été fortement recommandé ; il vint me trouver au Fort S. Loüis, je le reçus du mieux qu'il me fut possible, & lui fis tous les bons traitemens, que l'état où je me trouvois, me permirent de lui faire.

Le vingtiéme de Mars de la même année, aïant eu avis que les Iroquois, jaloux de nôtre nouvel établissement chez les Illinois, venoient avec des forces considerables, pour nous faire

Iroquois tâchent de s'opposer à nos établissemens.

la guerre, j'envoïai un Exprè[s] vers M. *de la Durontai*, Com[mandant au Fort de *Missilima-chinac*, pour lui demander d[u] secours. Cependant je fis fair[e] de nouvelles fortifications a[u] Fort, & mis le village en éta[t] de se défendre, par de bon[s] fossez, par des remparts, & pa[r] tous les ouvrages capables d'a[r]rêter les attaques des ennemi[s]. Ils parurent le 28. Mars, au no[m]bre de cinq cent. Dés leurs pre[mieres attaques ils furent repou[s]sez vigoureusement. Enfin, aprè[s] six mois de siege, ils furent for[cez de se retirer avec une pert[e] de plus de quatre-vingt des leurs & sans aucune perte des nôtre[s]. Ils prirent quelques esclaves de[s] environs, pour pouvoir seule[ment se vanter qu'ils n'étoien[t] pas venus sans coup ferir, [&] qu'ils ne s'en retournoient pa[s] les mains vuides : Mais comme ils étoient sur le point de leur enlever la chevelure, ces pauvres malheureux eurent l'adresse de se sauver de leurs mains, & vinrent nous rejoindre dans nôtre Fort.

Vers le quinziéme d'Avril, M. *de la Durontai*, & le Pere *Daloy* Jesuite, accompagnez de soixante François, vinrent me secourir, mais ce fut aprés coup, & sans aucun besoin. Cependant M. *de la Barre* étoit arrivé à Quebec, pour y prendre la place de M. le Comte de Fontenac. Ce changement fut un coup de foudre pour toute la Nouvelle-France, qui regardoit M. de Frontenac comme son pere & son patron ; mais il ne fut pas moins accablant pour moi. A peine ce nouveau Gouverneur, ami ou parent de M. le Cheva-

Arrivée de M. de la Barre à Quebec en qualité de Gouverneur.

lier *de Bogia*, fut arrivé, qu'il lui expedia des Lettres de Gouverneur du Fort S. Loüis, lequel avoit été commencé & consommé par mes soins. Il les adressa à M. de la Durontay, pour me les faire tenir. Celui-ci me signifia de la part du nouveau Gouverneur, l'ordre donné en faveur du Chevalier, pour être à ma place. Je n'eus point d'autre parti à prendre dans cette occasion, que celui d'obéir. Je laissai quelques effets considerables dans le Fort ; j'en fis un Inventaire, M. le Chevalier eut la bonté de le signer ; & je partis le même jour avec ce que je pus emporter de plus important & de plus necessaire. Je pris d'abord le chemin de *Montreal*, & delà je me rendis à Quebec, où je n'arrivai qu'au commencement du mois de Juillet. Je ne pus me ispenser d'aller faire la reverence à M. le Gouverneur, de lui rendre un compte fidele de l'état & de l'importance de la Place, que j'avois quittée par son ordre; en un mot, de la disposition de toutes choses dans ce païs. Il m'écouta favorablement, m'offrit tel autre établissement que je voudrois dans l'Amerique, & m'assura de sa protection en tout ce qui dependroit de lui. Je le remerciai de ses offres, & lui dis que je me ferois toujours un tres-grand plaisir d'obéir à ses ordres; mais que j'étois resolu de ne prendre d'établissement qu'aprés le retour de M. de la Sale. Ce fut à peu prés tout l'entretien que nous eûmes ensemble.

Dés mon arrivée, je ne manquai pas de mander à M. de la Sale, l'état de mes affaires, &

de lui represénter l'injure que j
croiois qu'on m'avoit faite, e
m'ôtant d'un poste où il m'avoi
placé lui-même : A quoi j'ajoû
tai le danger qu'il y avoit qu
ces peuples, habituez depuis pe
auprés du Fort, ne s'accommo
dant pas d'un nouveau Com
mandant, n'abandonnassent tout,
ou ne fissent quelque desordre
J'écrivis encore à M. *de la Fo
rêt*, mon ami, pour recomman
der mes interêts à nôtre com
mun protecteur. Ces lettres fi
rent tout l'effet que j'en avois
pû esperer ; j'en reçus réponse
par M. de la Forêt lui-même,
que je vis revenir à Quebec sur
la fin du mois de Juillet de l'année 1684. J'eus le plaisir d'apprendre de sa bouche le favorable accueil que l'on avoit fait
à la Cour à M. de la Sale, &
les considerables secours que le

..oi lui avoit accordez pour établir des Colonies dans les Terres nouvellement découvertes, & son nouveau rembarquement pour le Golphe Mexique. Mais ce qui acheva ma satisfaction, ce fut d'apprendre de lui-même mon rétablissement au Fort S. Loüis, en qualité de Gouverneur & Capitaine, par une Lettre expresse, que M. de la Sale avoit obtenuë en ma faveur, de Sa Majesté. J'avouë que le plaisir de triompher de mes ennemis fit la plus grande partie de ma joïe.

Je m'équipai auſſi-tôt d'armes, de linges, d'étoffes & de toutes les autres choses necessaires, tant pour la fortification de mon poste, que pour mettre ma Compagnie sur pié. J'emploïai vingt mille francs à mon équipage : Et aprés nous être fouvent regalez à Quebec, M. de la Forest & moi, nous partîmes ensemble le premier jour de Novembre, lui pour *Frontenac*, dont il avoit été fait Gouverneur, & moi pour les Ilinois.

Les glaces aiant interrompu nôtre voïage sur le fleuve Saint Laurent, nous fûmes obligez de relacher, & de passer l'hyver à Montreal, jusqu'au Printems de l'année suivante 1685. Dés le commencement d'Avril nous remontâmes le fleuve jusqu'au Fort de Frontenac, où je pris congé de M. de la Forêt. Je me mis en canot sur le premier lac, jusqu'à *Niagara*; d'où aprés avoir franchi le Saut, je gagnai *Missilimachinac*, & delà les Miamis; ensuite étant arrivé jusqu'à l'embouchure de la riviere des Ilinois, je me rendis au Fort S. Loüis,

Loüis, environ le quinze de Juin de la même année.

 M. le Chevalier *de Bogia* m'y reçut d'abord avec toutes les marques de joïe & d'amitié possibles: Je repondis à ses civilitez du mieux que je pûs; mais enfin aprés l'avoir instruit de l'embarquement de M. de la Sale, & de toutes les autres nouvelles, je ne pûs me dispenser de lui presenter mes Lettres patentes de Capitaine & Gouverneur du Fort S. Loüis, dont le Roi m'avoit honoré. Il reçut cet ordre avec beaucoup de soumission, me remit la Place entre les mains, avec tous les effets que je lui avois confiez, m'assurant qu'il n'en étoit ni moins mon serviteur, ni moins mon ami. Nous passâmes le reste de la journée ensemble, & le lendemain il partit lui troi-

T

sième pour la ville de Quebec.

Cependant les *Miamis* & les *Islinois* peuples voisins, & nos amis étant broüillez ensemble pour quelques legers interêts, je fis des demarches pour les accommoder, je reçus même de part & d'autre des ôtages & des gages de leur bonne foi.

Au commencement de l'Automne, étant fort inquiet de ne point entendre parler de M. de la Sale, je me transportai à *Missilimachinac*, pour en apprendre des nouvelles. Là je sûs que M. le Marquis *d'Enonville* avoit relevé M. de la Barre, en qualité de Gouverneur de la Nouvelle-France ; j'eus même l'honneur de recevoir une Lettre de sa part, par laquelle il me témoignoit vouloir entrer en conference avec moi, sur le dessein qu'il avoit de faire la guerre

M. d'Enonville nommé à la place de M. de la Barre.

aux Iroquois : Il m'affuroit en même tems que M. de la Sale étant depuis long-tems fur mer, devoit être déja entré dans le Golphe avec quatre bons vaiffeaux, que le Roi lui avoit donnez ; & qu'apparemment il devoit avoir abordé à l'embouchure du *Miffiffipi*, ou à quelque autre bord.

 Cette Lettre ne fit que redoubler la paffion que j'avois de l'aller joindre ; je me mis d'abord en devoir de lui mener tout le fecours que je pourrois ; j'équipai une vingtaine de Canadiens, & m'étant remis en chemin vers les Iflinois avec ma nouvelle recruë, j'arrivai en un mois au Fort S. Loüis. Aprés avoir donné ordre à tout, je laiffai le commandement de la Place au fieur *de Bellefontaine* ; je partis avec quarante hommes

T ij

pour le Golphe de la Mer Mexique. Nous descendîmes nôtre riviere jusqu'au grand fleuve *Mississipi*, dont nous suivîmes le cours jusqu'à la mer. Nous fûmes environ deux mois à faire ce voïage.

Etant arrivé au bord de la Mer, ne découvrant point ce que je cherchois, ni personne qui pust m'en donner des nouvelles, j'envoïai deux canots, l'un vers l'Est, l'autre vers le Sud-Oüest, pour voir s'ils ne decouvriroient rien: Ils voguerent environ vingt lieuës, d'un côté & d'autre, le long de la côte; & n'aïant rien apperçu, ils furent obligez de relâcher faute d'eau douce, & revinrent nous joindre aprés deux jours de course, sans aucun éclaircissement sur ce que je souhaittois; Pour toute consolation, ils m'apporterent un Marsoüin, & quelques écailles de nacre, tres-belles qu'ils avoient prises sur un rocher.

Voïant donc qu'il étoit inutile d'attendre-là plus long-tems, je deliberai avec les plus sages de la compagnie, touchant le chemin que nous prendrions pour nôtre retour. J'aurois souhaitté suivre la côte jusqu'à la *Menade*, esperant par-là découvrir toujours quelque nouveau Païs, ou faire quelque bonne prise : mais la plûpart furent d'avis contraire, soutenant qu'il étoit plus sûr d'aller par un chemin connu, que par un autre qui ne l'étoit pas, & qui d'ailleurs ne pouvoit être que tres-difficile, tant à cause des terres qui s'élevoient sur la côte, qu'à cause du grand nombre de rivieres, qui se dechargent dans la mer ; ce qui nous obligea de prendre le parti de retourner sur nos pas.

Avant que de nous mettre en chemin, aïant remarqué que l'arbre, sur lequel M. de la Sale avoit fait arborer la Croix, & les Armes du Roi, étoit sur le point d'être renversé par les grosses eaux, & par la violence des vents, nous remontâmes un peu plus haut, où aïant dressé un grand Pillier, nous y attachâmes un Croix, & au dessous un Ecusson de France. Nous cabannâmes cette nuit en ce lieu-là. Le lendemain qui étoit le Lundi d'aprés Pâques, de l'année 1685. nous-nous mîmes en chemin, & nous suivîmes par terre, les rivages du fleuve *Mississipi*.

Quinipissas se raccommodent avec les François.
A la sixiéme journée, étant arrivez chez les *Quinipissas*, le Chef vint au-devant de nous, & nous aïant offert le *Calumet*, il nous

demanda pardon du mauvais accueil qu'ils nous avoient fait au dernier voïage, & nous pria de les vouloir bien recevoir au nombre de nos Alliez. Nous repondîmes d'un ton assez fier à leurs civilitez; & aprés nous être un peu rafraîchis chez eux, nous continuâmes nôtre route. Quarante lieuës au-dessus, nous découvrîmes dans les Terres une Nation qui nous avoit échappée dans nôtre premiere descente : C'étoit celle des *Oumas*, les plus braves de tous les Sauvages. Dés qu'ils nous virent, il est vrai qu'à l'aspect de nos armes ils furent frappez d'un certain étonnement mêlé de respect, qui desarma toute leur ferocité, & qui les obligea de nous promettre une parfaite soumission. Ils nous donnerent de nouveaux rafraîchissemens, & nous offrirent tout ce

Oumas, peuple Sauvage.

T iiij

qui étoit en leur pouvoir. Ce fû dans ces Terres que nous remarquâmes un Animal extraordinaire, qui tient du Loup & du Lion; Il a la tête & la taille d'un gros Loup, la queuë & les griffes d'un Lion; il devore toutes les bêtes, & n'attaque jamais les hommes; quelquefois il emporte sa proïe sur son dos, en mange une partie, cache l'autre sous des feüilles; mais les autres animaux l'ont en une telle horreur, qu'ils ne touchent jamais à ses restes; on appelle cet animal, *Michibichi*.

Aprés les *Oumas*, nous trouvâmes les *Akancéas*. Toutes ces contrées sont si belles, & si enrichies des productions de la nature, que nous ne pouvions assez les admirer; les bois d'une hauteur extraordinaire y semblent être plantez à la ligne. La

[marginalia: Animal extraordinaire.]
[marginalia: Akancéas.]

campagne est couverte de bons grains, de toutes sortes d'arbres fruitiers, & par-tout fournie de toutes sortes de gibier à poil & à plume; mais aussi on y trouve beaucoup de gros Chats sauvages, qui devorent tout ce qu'ils trouvent. Nos François charmez de la beauté de ce climat, me demanderent la liberté de s'y établir; comme nôtre intention n'étoit que d'humaniser & de civiliser les Sauvages par nôtre societé, j'y consentis volontiers. Je formai le plan d'une maison pour moi chez les *Akancéas*. J'y laissai dix François de ma troupe, avec quatre Sauvages, pour en avancer la construction; & je leur donnai la permission de s'y loger eux-mêmes, & d'y cultiver autant de terre qu'ils pourroient défricher. Cette petite Colonie s'est depuis tellement accruë & multipliée, qu'elle sert d'entrepause aux François qui voïagent dans ce païs.

Delà je continuai mon chemin le long de la riviere des Illinois ; & aprés trois mois de traitte, j'arrivai au Fort Saint Loüis, vers la S. Jean, moins fatigué de la longueur du chemin, que de l'incertitude du destin de M. de la Sale.

Comme je n'avois pas encore rendu mes devoirs à nôtre nouveau Gouverneur, aprés avoir pris quelques jours de relâche, je partis des Illinois à la fin de Juin, & j'arrivai à Montreal vers le quinze de Juillet. J'allai d'abord y saluer M. le Gouverneur, & je reçus ordre de sa part, de faire publier chez nos Alliez la guerre contre les Iroquois, & de les sommer de se rendre au Fort S. Loüis, pour le succés

Guerre declarée aux Iroquois.

d'une pareille entreprise.

Chargé de cette commission, je pris bien-tôt congé de M. *d'Enonville* ; je me rendis le quatriéme Septembre chez les Islinois, d'où je depêchai aussi-tôt de tous côtez divers Couriers, pour informer les Nations voisines de nôtre dessein & pour les inviter à se trouver de bonne heure au rendez-vous. Tout le monde y fut assemblé sur la fin du mois de Mars de l'année 1686. tant *Islinois*, que *Chouanous*, *Niamis* ou *Loups*. Toute cette troupe faisoit environ quatre cens hommes : J'y joignis soixante François de ma Compagnie ; j'en laissai quarante dans le Fort, sous le commandement de M. *de Bellefontaine*. Cette petite armée campoit à un quart de lieuë du village. Là aiant fait mettre tout le monde sous les armes, je leur declarai la volonté du Roi, & les ordres de nôtre Gouverneur; je les exhortai tous à rappeller leur force & leur courage pour reprimer l'orgueil des Iroquois, nos ennemis communs.

Ce discours fut suivi des acclamations de tous ces Peuples, & sur le champ m'étant mis à leur tête, je commençai ma marche vers le canal, qui joint les deux Lacs des *Suvrons* & des *Islinois*. Il y a en cet endroit un Fort, nommé le *Fort S. Ioseph*, qui sert de défense à toutes ces petites mers. M. de la Durontay en étoit le Commandant; j'envoïai vers lui un de nos François, pour l'informer de mon arrivée; il commanda aussi-tôt à son Lieutenant de me venir joindre avec trente hommes, & le lendemain lui-même m'en amena autant

Fort S. Ioseph.

Nous campâmes sur les bords de
[l]e détroit ; il nous arrivoit-là des
provisions de tous côtez. Deux
[j]ours aprés, M. de la Forêt, Gouverneur du Fort de Frontenac,
& M. *de Lude*, Commandant de
[c]elui des Miamis, chacun à la tê[t]e de sa compagnie, vinrent nous
[j]oindre. Etant tous assemblez,
[n]ous tînmes conseil de guerre,
[p]our savoir quelles mesures
[n]ous prendrions ; l'on fut d'a[v]is de partager l'armée en deux
[c]orps, que Mrs de la Durontay
[&] de Lude commanderoient,
[l]'un pour garder les avenuës de
[M]issilimachinac, & pour défen[d]re les côtes du Lac Herié,
[ju]squ'à Niagara, où nous avions
[d]essein d'achever un Fort déja
[c]ommencé, pour tenir en bride
[l]es Iroquois, qui s'y étoient tou[j]ours opposez ; Que M. de la
[F]orêt & moi commanderions

l'autre, pour entrer dans les terres des Ennemis.

Anglois & Iroquois unis ensemble pour faire la guerre aux François

Les choses ainsi disposées, M. de la Durontay, étant sur les côtes de *Missilimachinac*, trouva un gros parti des ennemis composé de plus de cent hommes, tant Anglois qu'Iroquois (On peut dire en passant, que ces deux Nations, quand il s'agit d'aller en guerre contre nous s'accordent fort bien ensemble. Il les attaqua si vigoureusement qu'il en resta plus de la moiti sur la place, fit quelques prisonniers, & mit le reste en fuite

De nôtre côté, à vingt lieuë de Niagara, nous fîmes rencontre d'un nombreux parti d'Anglois, de Hurons, d'Iroquois d'Ouabaches, qui sous la conduite du Major *Gregoire*, tranportoient une grande quantit d'eau-de-vie, de munitions & d marchandises, aux habitations Iroquoises. Nous les chargeâmes; & aprés avoir tué la plûpart des Iroquois & des autres Sauvages, nous leur enlevâmes leur bagage & leurs marchandises; nous nous rendîmes les maîtres de plusieurs esclaves, & nous emmenâmes prisonniers plus de vingt-cinq Anglois. Aprés cette petite victoire, nous continuâmes nôtre route vers Niagara, où nous achevâmes le Fort, à la vûë des Iroquois, & même au pié de leurs habitations.

Ces premiers progrés nous engagerent à deputer vers M. le Gouverneur, pour l'informer de tout ce qui s'étoit passé. M. de la Forêt, qui voulut bien accepter cette commission, partit aussi-tôt. M. d'Enonville reçut cette nouvelle avec plaisir, en fit part à tout le Canada ; & nous envoïa un nouveau secours de Hurons, de Psonnonteaus, d'Otaoüas, qui nous vinrent joindre au pié du Saut, avec une barque tres-bien équippée.

Renforcé par cette nouvelle recruë, je m'avançai dans les terres des ennemis ; nous avions parmi nous un Iroquois, qui feignant d'être mécontent de sa Nation, paroissoit nous être fort affectionné : ce traitre nous abandonna, pour aller se rendre à l'armée des ennemis ; leur donna avis de nôtre marche, & les avertit des marques de nos Sauvages, pour ne pas s'y laisser tromper. Comme nous avancions toujours, nous nous trouvâmes, au-delà d'un Marais, à trois lieuës du Camp des Iroquois. Là quelques-uns des leurs nous dresserent une embuscade, où nous perdîmes

Embuscade dressée par les Iroquois.

perdîmes sept hommes, du nombre desquels, étoit mon Sous-Lieutenant. Aussi-tôt nous étant ralliez, nous les repoussâmes avec vigueur ; & aprés avoir tué plus de trente des leurs, nous les poursuivîmes jusques dans les bois ; mais n'aiant pû les joindre, & ne croiant pas devoir nous engager plus avant, de peur de tomber dans quelques piéges, nous nous contentâmes de piller un de leurs villages, où nous passâmes au fil de l'épée, tout ce que nous y pûmes rencontrer.

Nous campâmes-là quelques jours, & l'armée commandée par M. de Lude & de la Durontay se vint joindre à la nôtre. Le lendemain de leur arrivée, nous ne balançâmes pas un moment à nous resoudre d'aller forcer les ennemis dans leur Camp, mais

V

aïant été avertis de nôtre deſſein, par leurs eſpions, ils ne jugerent pas à propos de nous attendre, ils décamperent bien vîte. Nous trouvâmes dans leur Camp quelques reſtes de blé d'Inde, & d'autres munitions, dont nous profitâmes; nous paſſâmes la nui dans leurs tentes, ou plûtôt dan leurs cabannes, la ſaiſon étant déja aſſez avancée. Dés le lendemain nous renvoïâmes nos Alliez, chacun dans ſes terres, ave ordre de ſe raſſembler à la premiere convocation; & M. de Lude & de la Durontay prirent la route de leur Gouvernement.

Comme j'étois en marche pou aller dans le mien, je rencontrai quelques Hurons, qui m donnerent avis, que j'allois êtr inveſti par l'armée entiere des Iroquois. Il n'y avoit plus moïen de recourir à M$_{rs}$ de Lude & de la Durontay, qui s'étoient déja embarquez sur les Lacs en canot. Je fis faire alte à mes gens, & m'étant retranché le mieux qu'il me fut possible, j'envoïai sur l'heure même à Niagara, demander un prompt secours au Commandant du nouveau Fort: Par hazard M. *de la Valromé*, qui y commandoit, nous croïant aux prises avec les Iroquois, nous amenoit cinquante fuzeliers. Celui que je lui avois envoïé, l'aïant rencontré, lui dit l'état où j'étois; ce qui lui fit hâter sa marche; son arrivée nous rassura, és ennemis parurent, nous rangeâmes nôtre petite armée en bataille, & nous étant avancez vers eux, à la portée du mousquet, ils n'eurent pas le courage de nous attendre, ils nous tournerent le dos; nous les poursuivîmes quelque tems, il en resta environ cent sur la place, le reste se sauva dans les bois. Je rappellai aussi-tôt mes soldats, & aïant escorté une partie du chemin M. de la Valromé, je crus devoir aller hyverner à *Missilimachinac*, & là attendre le retour de la campagne suivante, en cas que la guerre continuât.

<small>Iroquois se mettent à la raison.</small>

Les choses changerent de face: Les Iroquois nous cederent leurs habitations voisines de Niagara; firent present à M. le Gouverneur, de leurs meilleures pelleteries, & nous promirent de ne plus inquiéter les Nations qui seroient sous nôtre protection & dans nôtre alliance. Ainsi la paix aïant été concluë, je repris au commencement du mois d'Avril 1687. le chemin des Islinois. Je serois revenu tres-content de ma campagne, si l'absence de M. de la

Sale, & l'incertitude de sa destinée ne m'eût point toujours inquieté. Il étoit parti de l'Amerique en 1683, & nous étions en 1687. quatre années s'étoient presque écoulées, sans en avoir eu d'autres nouvelles, que celles de son rembarquement, ou de son départ de la Rochelle, pour le Golphe-Mexique, mais sans en apprendre aucune de son retour. Je ne savois que penser : Seroit-il péri, *me disois-je*, par quelque naufrage, ou plûtôt n'auroit-il point abordé sur quelque rivage habité par des Barbares, qui l'auront peut-être massacré ? Agité par de si terribles pensées, je ne pouvois prendre aucun repos, ni tenir aucune route assurée ; & me laissant conduire plûtôt par mes gens, que les conduisant moi-même, j'arrivai au Fort Saint Loüis, vers la fin du mois de Mai.

Je fus bien surpris, à mon arrivée, de trouver en ma maison, M. Chevalier, propre frere de M. de la Sale. A la verité, je ne vis point en lui cet air ouvert & riant, qui paroît à la premiere entrevûë de deux amis, aprés une longue separation. Mais les premiers transports de ma joïe ne me permettant pas de faire de plus longues reflexions, je l'embrassai d'abord, & lui demandai en même tems des nouvelles de Mr son frere: A ce discours il me parut tout-interdit; un regard vers le Ciel, un soupir étouffé, certain effort qu'il me parut faire sur lui-même, me furent autant de sinistres presages. Je le priai avec instance de ne me rien celer. S'étant un peu rassuré, il me dit d'un ton assez ferme, que M. de la Sale, son frere, étoit en parfaite santé; mais que le malheureux succés de sa navigation l'avoit si fort accablé, qu'il n'avoit presque pas le courage de continuer sa route; que revenant à petites journées, il se faisoit un plaisir de negocier avec les differentes Nations qu'il rencontroit; & que l'aiant chargé de prendre les devants pour m'informer de son arrivée, il étoit resté entre les Naches & les Akancéas, pour acheter des uns & des autres quelques marchandises.

L'assurance avec laquelle il me parloit, jointe à une simplicité qui lui étoit naturelle, d'ailleurs la sainteté de son caractere, car il étoit Prêtre, ne me permirent pas d'entrer dans la moindre défiance, & me rassurerent un peu contre mes pressentimens. Je le priai donc de me faire le recit de son voïage, de me dire depuis quand ils s'étoient rembarquez, & en quel tems ils avoient abordé. Comme je lui ouvrois par-là un fort grand champ à parler sans déguisement & sans contrainte, il me parut entrer dans ce recit avec beaucoup plus de liberté.

Il me dit d'abord, que toute la Cour aïant été charmée des grandes découvertes de M. de la Sale, le Roi n'avoit nullement balancé à lui accorder les secours qu'il avoit demandez; sans parler des titres d'honneur, qui lui donnoient plus d'autorité dans ses nouveaux Etablissemens : Qu'ils étoient partis de France le 24. du mois de Juillet 1684. avec quatre vaisseaux tres-bien équippez, & avec plus de deux cens hommes, tant soldats, qu'artisans de toutes sortes

tes de métiers ; que cependant par un excés de malheur, toute leur flote se trouvoit reduite à quelques canots ; & ce grand nombre de personnes à sept ou huit François, qui escortoient son frere dans son retour.

Etonné d'un si grand revers, je ne pûs m'empêcher de vouloir apprendre à fond le détail de leurs avantures : Aussi-tôt reprenant son histoire depuis le commencement de leur navigation, il me dit qu'aprés quelques jours de calme, à la hauteur de S. Domingue, ils furent surpris d'une rude tempête ; qu'alors un de leurs vaisseaux chargé de plus de trente mille livres en marchandises, fut emporté d'un coup de vent, & ensuite enlevé par quelques piroques espagnoles : que le reste de la flote alla moüiller à un bord de cette même Isle, où ils se refirent bien-tôt par les nouvelles provisions qu'ils y chargerent, & les marchandises qu'ils y acheterent ; mais que leurs gens, s'y étant un peu trop licentiez, y avoient contracté de tres-fâcheuses maladies.

Que de-là aïant vogué ver les Isles de *Caimant*, ils alleren faire eau à l'Isle de *Cuba*, où aïant trouvé à l'abandon plu sieurs tonneaux de vin d'Espa gne, de bonne eau-de-vie, d sucre & du blé d'Inde ; ils en leverent tout, & firent sur le Espagnols une reprise qui le consola de tout ce qu'ils leu avoient pris auparavant : Qu'en suite aprés s'être bien munis d toutes choses, ils remirent à l voile ; & qu'aïant toûjours eu u vent tres-favorable, ils étoien entrez dans le Golphe de la Me

Mexique; mais qu'y aiant trouvé des courans tres-rapides, & des écueils tres-frequens, ils furent obligez de tenir le large; ce qui empêcha M. de la Sale de rencontrer au juste le point de hauteur pour l'embouchure du *Mississipi*; de sorte que pour ne pas s'exposer à de plus grands perils, il alla prendre terre à la Baïe du S. Esprit, cinquante lieuës au dessous du fleuve qu'ils cherchoient : Mais que deux jours aprés, dans l'esperance de le trouver, ils remonterent sur leurs vaisseaux, & reprenant toûjours le large, pour éviter les bancs & les écueils, ils allerent enfin aborder beaucoup plus haut, à une Baïe qu'on a depuis nommée *la Baïe S. Loüis*. Cette Baïe est d'une profondeur assez commode pour un Port, mais l'abordage en est perilleux, tant à cause des bancs qui l'environnent, qu'à caus[e] des rochers dont elle est bordée.

Ce n'eût été rien pour nous, *continua-t-il*, d'avoir manqu[é] l'entrée du fleuve; car après a[-]voir une fois abordé si prés d[e] son embouchure, il n'eût pa[s] été difficile de la trouver, d[u] moins par terre; d'y conduir[e] ensuite nos vaisseaux, d'y bâti[r] un havre, pour ne pas s'y trom[-]per une autre fois, & d'y con[-]struire un Port praticable[:] mais le malheur voulut qu'aprés que M. *de Beaujeu* qui comman[-]doit un de nos trois vaisseaux nous eût mis à bord, nos deu[x] autres s'y perdirent, tant par l[a] méchante manœuvre du Pilot[e], que par la negligence des Ma[-]telots. Le premier échoüa à l'en[-]trée de la Baye, contre un ban[c] de sable, d'où quelques secour[s] que nous pûmes y apporter, il nous fut impossible de le retirer. Nous eûmes, à la verité, la consolation d'en sauver l'équipage, & nos meilleurs effets; l'autre fut brisé dans le Port même contre un rocher, avec perte de la plûpart de nos matelots; heureusement nous en avions débarqué toutes nos provisions & nos marchandises: D'ailleurs, la plûpart de nôtre monde & de nos effets avoit été mis à terre par M. *de Beaujeu*, qui aprés avoir été le témoin de nos desordres, tourna les voiles pour s'en retourner en France. Tel fut, *dit-il*, le destin de nôtre flote.

A compter depuis le 24. Juillet 1684. jour de nôtre depart de la Rochelle, jusqu'au 18. Février de l'année suivante 1685. que nous débarquâmes à la Baïe S.

Loüis, il s'étoit passé enviro
sept mois. Mon frere aïant re-
cueilli le débris de nos vaisseaux,
& aprés avoir reconnu la situatio
avantageuse du païs à l'embou
chure d'une tres-belle riviere,
Riviere nommée la *Riviere aux Vaches*
aux Va- au milieu de plusieurs autres, qu
ches. viennent se jetter dans la mêm
Baïe, & d'un grand nombre d
Nations tres bien peuplées; le
environs charmans par la beau
té des terres, par l'abondance
des fruits, & par la multitud
des bestiaux, ne balança pas u
moment à s'y faire une bell
habitation. Il dressa d'abord le
plan d'un Fort, en designa le
circuit, & fit d'abord mettre la
main à l'œuvre; la necessité de
se loger, jointe à la commodité
du bois & du ciment, fit si fort
avancer l'ouvrage, qu'il fut consommé en moins de deux mois.

Cependant M. de la Sale plus impatient que jamais de retrouver le Mississipi, couroit de part & d'autre pour le reconnoître ; comme tout ce païs est coupé par beaucoup de rivieres qui se jettent d'espace en espace dans la Baïe, il faisoit ses courses, tantôt à pié, tantôt en canot, accompagné de dix ou douze François armez de bons fuzils : il trouvoit de distance en distance diverses habitations de Sauvages, & par tout une abondance de toutes choses necessaires à la vie, jusqu'à des volailles domestiques.

Enfin, après quinze jours de recherche, il rencontra un gros & large fleuve : Il en suivit le courant durant sept ou huit lieuës, jusqu'à son embouchure dans la mer, & reconnut que c'étoit justement celui qu'il avoit tant cherché, & dont il n'avoit pû rencontrer l'embouchure; il prit encore une fois sa hauteur, pour ne plus la manquer, en cas qu'il revint une autre fois par le Golphe.

Content de l'avoir rencontré, & plus satisfait encore de la fecondité des campagnes qui l'environnent, il revint à sa colonie naissante; mais par un surcroît d'affliction, il trouva que les uns avoient succombé à la longueur de ces maladies qu'ils avoient contractées à *S. Domingue*, & que plus de quarante avoient été égorgèz par les Sauvages. Cette perte le toucha sensiblement; mais s'étant fortifié contre sa douleur, il appella ceux qui restoient : (leur nombre n'alloit pas à cent;) il les encouragea, les exhorta à faire si bien par leur travail, par leur concorde, par leur induſtrie, & par leur bonne conduite avec ces Barbares, qu'ils puſſent profiter des richeſſes que la Nature leur preſentoit avec abondance.

Comme les nouvelles découvertes paroiſſoient à M. de la Sale des Provinces conquiſes, & que toutes les pertes qu'il pouvoit faire, ne lui ſembloient rien en comparaiſon d'une Nation volontairement ſoumiſe, il chercha à ſe conſoler par de nouveaux voïages; ainſi aïant pris une nouvelle reſolution, il voulut aller reconnoître ces vaſtes contrées, qui ſont entre le Miſſiſſipi & le Golphe-Mexique, vers le Sud-Eſt.

Le 22. Avril de l'année 1685. il partit de la Baïe S. Loüis pour cette nouvelle traite; il ne prit avec lui que vingt hommes en tout, au nombre deſquels étoient nos deux neveux Cavelier, & de Moranget, un Pere Recolet & moi. Nous avions pour tout équipage deux canots, & deux traineaux, pour porter nos provisions & nos marchandises.

Le premier jour, nous passâmes plus de vingt rivieres, dont les environs nous paroissoient un païs enchanté, & au travers de peuples bien-faisans, qui ne nous refusoient rien. Ce que nous trouvâmes de particulier dans ces contrées, c'est que parmi le bétail à corne, nous apperçûmes dans les prairies un grand nombre de Chevaux, mais si farouches, qu'on ne pouvoit les approcher.

Chevaux farouches.

Dés la seconde journée, nous commençâmes à vivre de la chasse ; Nous tuâmes sur le soir un chevreuil, & nous cabannâmes cette nuit en pleine campagne au milieu d'un petit retranchement. Dés cette nuit nous nous fîmes une loi de prendre de pareilles précautions, en quelque endroit que nous puissions nous trouver.

Le troisiéme jour nous trouvâmes sur le midi, quatre Cavaliers bottez, qui nous accosterent tres-humainement ; ils nous demanderent qui nous étions, & où nous allions : Nous leur declarâmes que nous étions *François*, & que nous ne voïagions dans ces Terres, que dans l'intention de reconnoître les diverses Nations de l'Amerique, & de leur offrir la protection du Roi des François, le plus grand Roi de l'Univers : Que s'ils vouloient se soumettre à sa puissance, ils ressentiroient bien-tôt des effets de sa protection par

Rencontre de 4. Cavaliers bottez.

le moïen de ses vaisseaux. Eux de leur côté, nous prièrent aussi-tôt de vouloir accepter leurs maisons, & de les suivre jusques dans leur village ; nous y consentîmes avec plaisir ; nous y fûmes parfaitement bien reçus, & tres-bien regalez.

Quonquis, Nation de Sauvages.

C'étoit la Nation des *Quoaquis*, ou des *Mahis*. Les hommes y sont fort bazannez, & les femmes de même. Ils ont les cheveux noirs & assez beaux ; le visage plat ; les yeux grands, noirs, bien fendus ; les dents tres-blanches ; le nez écaché ; d'ailleurs, la taille libre & dégagée. Les hommes y sont vétus de corselets d'un double cuir, à l'épreuve de la fléche : Ils portent depuis la ceinture jusqu'au genou, une espece de ringrave de peau d'ours, de cerf, ou de loup ; leur tête est couverte d'une maniere de turban fait de mêmes peaux; ils ont des bottines de peaux de bœuf, d'élan, ou de cheval, tres-bien paſſées. Pour leur équipage à cheval, outre leurs corſelets, leurs bottines, & leurs boucliers couverts de peaux les plus dures, ils ont des ſelles faites de pluſieurs cuirs, ajuſtez & collez les uns ſur les autres; des brides comme les nôtres; des étriers de bois; des brides & des mords de dents d'ours ou de loup.

A l'égard des femmes, elles portent en guiſe de chapeau, un tiſſu de jonc ou de cannes, differemment coloré; leurs cheveux tantôt cordonnez, tantôt noüez. Leur corps eſt couvert d'une veſte d'un tiſſu tres-fin juſqu'à demi-cuiſſe; elles ſont chauſſées à peu prés comme les hommes, avec des bottines à fleur de jam-

Leurs femmes

Nous ne fîmes que coucher chez eux, mais toujours sur nos gardes, en nous relevant de sentinelle de tems en tems. Le lendemain, les Principaux nous vinrent trouver avec quelques presens de blé d'Inde, pour nous assurer qu'ils seroient toujours bien-aises de vivre dans nôtre alliance, & sous les loix du Prince que nous reconnoissions. De nôtre côté, nous leur fîmes present de quelques couteaux, & de quelque brasse de rasade pour leurs femmes; Aprés quoi nous prîmes congé d'eux, & nous nous remîmes en chemin.

A deux lieuës de-là, nous nous trouvâmes sur les bords d'une tres-belle Riviere, que nous nommâmes *Riber*, du nom d'un homme de nôtre suite, de pareil nom, lequel s'y noïa. Sur ses bords paissent de nombreux

Riber, riviere, pourquoi ainsi nõmée.

troupeaux de *Cibolas* ; nous en tuâmes dans un moment trois, que nous fîmes boucanner pour nous servir de provision.

A une lieuë de cette Riviere, nous en remontâmes une autre beaucoup plus rapide, à qui nous donnâmes le nom de *Hieus*, nom d'un Allemand de nôtre compagnie, qui demeura trois jours perdu aux environs, pour s'être trop avant engagé dans les bois, par le plaisir de la chasse. *Riviere nõmée Hieus.*

Ainsi continuant nôtre course, tantôt dans des plaines, tantôt au travers des ravines & des rivieres, que nous passions avec nos canots ; nous tombâmes au milieu d'une Nation assez extraordinaire, qu'on appelle les *Biscatonges* ; nous leur donnâmes le nom de *Pleureurs* ; parce qu'à la premiere approche des Etrangers, tout ce peuple, *Biscatonges, Nation de Sauvages, surnõmmez Pleureurs.*

tant hommes que femmes, s[e]
mettent à pleurer amérement
La raison en est assez particuliere; ces pauvres gens s'imaginent que leurs parens ou ami[s]
decedez, sont allez en voïage
& comme ils en attendent toujours le retour, l'abord des nouveaux-venus renouvelle leur idée
mais comme ils ne retrouven[t]
pas en eux ceux qu'ils regrettent
leur arrivée ne fait qu'augmen-
ter leur douleur. Ce qu'il y [a]
de plaisant, & peut-être d'asse[z]
raisonnable dans cette croïance
c'est qu'ils pleurent beaucou[p]
plus à la naissance de leurs enfans, qu'à leur decés; parce qu'il[s]
ne regardent la mort que comme un voïage, dont on revien[t]
aprés un tems; mais qu'ils regardent leur naissance comm[e]
une entrée dans un champ d[e]
perils & de malheurs; Quoi qu'i[l]
e[n]

de l'Amerique Sept. 257

[il] soit, ce premier torrent de [l]armes étant passé, ce ne fut [p]armi tout ce peuple qu'un visa[g]e serain, caressant & rempli de [t]endresse; On nous conduisit dans [l]es cabannes tres-proprement [n]attées, où l'on nous offrit du [b]œuf & du cerf boucanné, avec la *Sagavité*, leur pain ordi[na]ire, qu'ils font avec une ra[ci]ne nommée *Toquo*, espece de [pa]nce; On la lave, on la seche, [o]n la broie, & on en fait une [pâ]te, qui étant cuite, est d'un [fo]rt bon goût, mais d'un ali[m]ent astringent. Nous joignîmes [à] leur regal un peu de nôtre eau[-de]-vie; nous leur en donnâmes [un]e couple de petites bouteilles: [ils] nous firent present de plusieurs [pe]aux bien passées, qui nous [ser]virent à faire de bons souliers. [C]es Peuples n'adorent point [d']autre Divinité que le Soleil,

Sagavité ou pain.

Y

& c'est presque la Divinité de toutes ces Nations. A propos de quoi, nous leur dîmes que nôtre Prince étoit le Soleil des autres les Rois, que son éclat se répandoit dans toute l'Europe, & même dans plusieurs contrées de l'Amerique; que s'ils se soumettoient à sa puissance, ils sentiroient bien-tôt quelques effets de sa grandeur & de sa bienveillance; ils se soumirent volontiers, & nous jurerent une éternelle amitié.

Aiant passé deux jours chez cette Nation pleureuse, nous nous remîmes en chemin. L[a] premiere journée nous fîmes d[e] grandes lieuës, presque toujour[s] dans les bois; ensuite nous nou[s] trouvâmes à la vûë d'un gran[d] village, à l'entrée duquel nou[s] apperçûmes un gros Chevreuil qu'un *Chaouanous* de nôtre suit[e] tira, & tua d'un coup de fusil. L'éclat du bruit & de la flâme en parut si terrible à ces Habitans, qu'au premier aspect de nôtre troupe & de nos armes, ils prirent tous l'épouvante & la fuite; Le Chef & trois de ses enfans s'étant montrez plus fermes, les firent revenir de leur terreur; ils s'avancerent vers nous, nous offrirent quelques rafraichissemens, & quelques-unes de leurs cabannes pour y passer la nuit; mais mon frere n'aïant pas jugé à propos de s'y fier, nous cabannâmes un peu à l'écart, selon nôtre coutume: Heureux d'avoir pris cette precaution; car le lendemain à la pointe du jour, nous apperçûmes un grand nombre de cette canaille cachée dans des cannes, avec des fléches; Aussi-tôt M. de la Sale, les aïant fait coucher en jouë, les obli-

Coup de fusil tiré, jette l'épouvante parmi des Sauvages.

gea à demander quartier. Ils en furent quittes pour quelque provision de blé d'Inde, que les fils de leur Chef nous apporterent, & nous prîmes aussi-tôt le parti de décamper.

A six lieuës de-là, nous rencontrâmes une autre habitation de plus de trois cent cabannes, habitée par les *Chinonoas*; ils nous firent un accueil tres-favorable. Toutes ces contrées sont presque sur la côte orientale de la Mer-Mexique ; les Espagnols passent jusques dans leurs terres, & leur font de tres-cruelles vexations. Ces Sauvages furent d'abord nous distinguer d'avec eux par nôtre air, par nôtre langage, par nos manieres ; & l'horreur qu'ils avoient conçuë contre tous ceux de cette Nation, ne fit que redoubler leur amitié pour nous : Nous n

Chinonoas sçavent distinguer les François d'avec les Espagnols.

tardâmes pas à leur faire entendre que les Espagnols & nous, n'étions gueres d'accord ensemble, & qu'ils étoient nos ennemis jurez. Sur quoi nous aïant offert tout ce qui étoit en leur pouvoir, ils nous prierent de vouloir nous unir avec eux, pour leur aller faire la guerre : Nous leur dîmes que nous n'étions pas pour lors en cet état, mais que nous pourrions bien-tôt revenir les joindre en plus grand nombre pour les seconder ; de sorte qu'aïant passé fort tranquillement la nuit chez eux, nous nous retirâmes le lendemain chargez de beaucoup de blé d'Inde & de tres-belles peaux.

A peine eûmes-nous avancé une lieuë dans nôtre route, qu'un nommé *Nica*, de nôtre suite, se sentit piqué d'une vipere ; il fit aussi-tôt un fort grand cri ; en

Hôme piqué d'une vipere.

moins d'un demi-quart d'heure, son corps s'enfla prodigieusement, & devint tout livide : On fit d'abord de grandes incisions sur sa plaie ; nous la frottâmes avec de l'eau-de-vie, & du sel de vipere ; nous lui donnâmes de l'orvietan, & aprés deux jours, il se trouva parfaitement gueri.

Passage d'une riviere rapide. Nous étant remis en chemin, nous nous trouvâmes, aprés deux jours de marche, sur le bord d'une riviere tres-rapide ; il falut la passer, & nous étions sans canot ; parce que les nôtres prenant l'eau de tous côtez, nous avions été forcez de les abandonner. Nous n'eûmes point d'autre expedient que de faire un caïeu de cannes & de plusieurs branches d'arbres entrelassées, & couvertes de nos meilleures peaux. Mon frere &

nos deux Neveux se mirent dessus avec deux Sauvages pour le conduire; je restai avec le reste de nos gens sur le rivage. A peine furent-ils au fort du courant, que la rapidité de l'eau les emporta dans un moment, & les fit disparoître à nôtre vûë: Par un bonheur singulier, le caïeu fut arrêté à une grande demie lieuë de-là, par un gros arbre qui flottoit sur l'eau à demi deraciné; ses branches qu'on accrocha avec le secours de quelques perches, leur donnerent moïen de gagner le bord, sans quoi infailliblement la rapidité du fleuve les eût emportez à la mer.

Cependant nous étions fort en peine de ce qu'ils étoient devenus; nous suivîmes toujours nôtre bord, portant nos yeux aussi loin que nous pouvions, & criant de toutes nos forces pour tâcher de les rappeller, ou pour les découvrir. Nous fûmes un jour & une nuit dans ces inquiétudes : le lendemain nous recommençâmes le même train ; à la fin ils nous répondirent, & nous les apperçûmes de l'autre côté : c'étoit une necessité de les aller joindre ; & pour cela il faloit nous exposer au même danger. Nous fîmes un nouveau caïeu, car le premier s'étoit tout délié, & ne tenoit plus à rien ; nous le fîmes beaucoup plus fort que l'autre ; & nous étant munis de bonnes perches, nous passâmes tous à diverses reprises fort heureusement. Toute la troupe s'étant ainsi réünie, nous poursuivîmes nôtre route sous la conduite de mon frere, qui n'avoit d'autre boussole que son genie. Un de nos chasseurs s'écarta pour chasser, nous le perdîmes durant

durant un jour, le lendemain nous le revîmes chargé de deux chevreuils boucannez, il venoit d'en tuer un autre qu'il avoit laiſſé à un demi-quart de lieuë; aprés nous avoir abandonné les deux, il alla ſur ſes pas, avec un *Abenaquis*, chercher l'autre; & nous l'aïant apporté, nous nous regalâmes d'une partie de ſa chaſſe, & gardâmes le reſte pour nôtre proviſion.

Etant de là paſſez dans des terres plus delicieuſes & plus peuplées que toutes les autres, aprés ſix ou ſept lieuës de marche, nous vîmes venir à nous un Sauvage à cheval, avec une femme en croupe, ſuivi de quatre eſpeces d'eſclaves, qui étoient fort bien montez. Cet homme nous aïant abordé, s'informa qui nous étions, & de ce que nous cherchions en ce païs:

Sauvage monté ſur un cheval, s'informe, qui nous ſommes.

Mon frere lui fit entendre tant par lui-même, que par les Sauvages de sa suite, que nous étions *François*, & que nôtre intention n'étoit que d'offrir tout le peuple de leur Continent, jusqu'à la Mer-Mexique, nôtr[e] alliance, & la protection d[u] Roi de France. Ce Sauvage m[it] aussi-tôt pié à terre, offrit so[n] cheval à mon frere, le forç[a] même par ses instantes prieres de l'accepter, & de vouloir venir dans leur Habitation; l'assu[ra]ra qu'il y seroit tres-bien reçu & que ses propositions y seroien[t] favorablement écoutées. Mo[n] frere, aprés l'avoir fort remer[ci]cié de ses honnêtetez, lui fi[t] connoître, qu'avant que de fair[e] cette démarche, il seroit bien aise d'apprendre le sentiment d[e] toute sa Nation par un Envoi de sa part. Le Sauvage reçu[t] cette réponse de fort bonne grace; & par un surcroît de civilité, il lui laissa sa femme & un de ses esclaves en ôtage. Mon frere lui donna son Neveu *Cavélier*, & deux *Chaouanous*. Le Sauvage monta sur le cheval d'un de ses esclaves, & mon Neveu Cavelier sur celui qui avoit été donné à mon frere. Le lendemain, nôtre Envoié revint avec nos deux *Chaouanous*, montez chacun sur un beau cheval, l'un & l'autre chargez de toutes sortes de provisions; & fit un rapport aussi agreable que surprenant, du bon accueil qu'il avoit reçu de ce Peuple, qu'on nomme *Cenis*. Leur habitation a vingt lieuës d'étenduë; elle est divisée en plusieurs hameaux, prés l'un de l'autre. Leurs cabannes ont quarante ou cinquante piés de hau-

Cenis, Nation de Sauvages.

teur, faites de grosses branches d'arbres, qui se rejoignant par en haut, forment une espece de voute ; le dedans est tres-bien natté, & d'une propreté charmante.

M. de la Sale, informé de leurs bonnes intentions, ne manqua pas de s'y transporter le lendemain. A deux cent pas du village, il vit venir au devant de lui, les Principaux de la Nation, tout empanachez, & couverts de leurs plus riches peaux. Mon frere les reçut à la tête de sa Compagnie. Le premier abord s'étant passé en civilitez reciproques, il fut conduit par le Chef jusqu'au village, au travers d'une tres-belle jeunesse, rangée sous les armes, & parmi un tres-grand concours de peuple ; on l'emmena lui & sa troupe dans un quartier qui sembloit faire un hameau à part. On nous y regala tres-bien. Le Chef convaincu de la magnificence de nôtre Prince, par les éloges que lui en fit M. dela Sale, le reconnut comme son Souverain, & fit à mon frere un present de six bons chevaux, & de ses plus belles peaux. M. de la Sale lui donna des haches, & quelques étuis de ciseaux, des couteaux, & des rasoirs qu'il reçut avec toute la joïe imaginable. Il y avoit en ce tems-là chez eux des Ambassadeurs d'une Nation appellée les *Choumans* : Le sujet de leur Ambassade étoit une ligue qu'ils prétendoient former entre eux, pour faire la guerre aux Espagnols, leurs tyrans & leurs persecuteurs. Ils nous rendirent visite, & nous convierent de vouloir y entrer; nous leur donnâmes parole de nous join-

Ambassadeurs des Choumans.

dre avec eux aprés nôtre voïage, & ils nous jurerent, comme les autres, une amitié inviolable.

<small>Naſſonis, Nation de Sauvages.</small> Les *Naſſonis* ſont à une journée des *Cenis*: Nous pouſſâmes juſques chez eux ; nous en reçûmes un pareil traitement, une même reconnoiſſance, & une même proteſtation d'amitié. Ils ont tous une égale antipatie pour les Eſpagnols. Leurs pâturages y ſont remplis de chevaux & de bœufs. On voit dans toutes leurs familles de gros chapons, des poules, des poulets, & de gros pigeons d'Inde. Nous reconnûmes chez eux auſſi-bien que chez les *Cenis*, quelque teinture de nôtre Religion. Les uns y faiſoient le ſigne de la Croix ; les autres nous exprimoient par certaines marques le S. Sacrifice de la Meſſe. Nous

vîmes bien que c'étoit l'effet de quelques Missions espagnoles ; mais il n'y a point de doute que le fruit en seroit beaucoup plus grand, si ces premieres semences de Religion leur avoient été inspirées par des personnes qui leur fussent moins odieuses. En effet, nôtre Pere Recolet avec quelques Images, quelques Croix, & quelques *Agnus-Dei*, qu'il distribua aux uns & aux autres, leur faisoit concevoir & croire tout ce qu'il leur enseignoit, tant ces peuples sont dociles.

Au milieu de toutes les satisfactions que nous avions sujet d'avoir parmi ces Sauvages, nous y eûmes deux fâcheux contretems ; l'un fut la desertion de quatre de nos François ; & l'autre, la maladie de mon frere. A l'égard de ces quatre deserteurs, on ne sait si entraînez par

Contretems fâcheux.

la beauté de ces contrées, ils allerent chercher à s'établir chez quelques-unes de ces Nations voisines; ou si peut-être attirez par les flatteuses amorces des Sauvagesses, ils s'en retournerent chez les *Cenis*, ou s'ils se retirerent chez les *Nassonis*. La verité est, que depuis qu'ils se virent en possession d'un cheval, ils ne crurent plus être parmi les Sauvages, on ne put les retenir, & nous n'entendîmes plus parler d'eux.

Pour la maladie de mon frere, ce fut assurément une suite du chagrin, que la desertion de ses gens lui causa. Il tomba malade le 24. Aoust de l'année 1685. aprés trois mois de course, & à deux cent lieuës de la Baïe S. Loüis. Sa maladie fut presque en même tems suivie de celle de *Moranget* nôtre Neveu. Nous eûmes dans cette affliction la consolation de trouver parmi les Sauvages tous les secours que nous aurions pû trouver en Europe, excepté des Medecins. Nous avions tout ce que nous pouvions desirer, le veau, le mouton, des poules, des pigeons, des ramiers ; & avec tout cela, toutes sortes de bonnes herbes, tant pour les boüillons, que pour les ptisannes, & autres remedes necessaires aux malades. Nous avions avec nous deux Chirurgiens, qui nous furent d'un grand secours : Les Sauvages mêmes, tant hommes que femmes, nous donnerent du gibier, de la viande, des volailles ; en un mot, graces à la bonté du Ciel, & à nos soins, nos deux malades recouvrerent leur santé, aprés un mois de maladie.

Dés que leurs forces furent rétablies, mon frere croïant devoir s'en tenir à ses dernieres découvertes, & ne pouvant même s'engager plus avant sans rencontrer les Terres des Espagnols, d'où selon toutes les apparences, nous ne serions jamais revenus, prit le parti de s'en retourner en sa nouvelle Colonie.

Nous nous remîmes en marche vers la fin du mois de Septembre 1685. L'avantage que nous eûmes dans nôtre route, fut de nous en retourner à cheval, au lieu que nous étions venus à pié ; Ce qu'il y eut de surprenant dans cette nouvelle voiture, c'est que nos chevaux, sans être ferrez, avoient le pié si bon, qu'ils franchissoient tout, & la bouche si fine, qu'ils obéïssoient à la bride, comme s'ils y avoient été dressez. Chacun de nous étoit raisonnablement monté, & les chevaux que nous avions de reste, nous servoient ou de relais, ou de chevaux de charge, pour porter nos munitions, nos canots & nôtre équipage ; ce qui nous fut d'un fort grand soulagement. Cependant comme les choses les plus utiles sont quelquefois les plus funestes, soit par le hazard, soit par le manque d'adresse, il arriva qu'un de nos chevaux fut la cause de la perte d'un de nos Sauvages.

Sur les bords de *la Maligne*, cette riviere, sur laquelle mon frere courut risque de se perdre, un cheval s'étant cabré à la vûë d'un gros Crocodile, jetta son cavalier dans l'eau : A peine fut-il tombé, que cette bête avide l'entraîna, & le devora à nos yeux. Ce spectacle nous causa une tres-grande douleur ; mais

Un Crocodile entraîne dans l'eau un homme & le devore.

il est mal aisé que dans les voïages de long-cours, il n'arrive à ceux qui les entreprennent, quelque accident funeste ; le plus sûr est de s'y preparer, en donnant ordre à sa conscience, & en se remettant entre les mains de nôtre Dieu tout-puissant, qui nous guide & qui nous conserve.

Ce malheur étant sans remede, nous continuâmes nôtre chemin ; & aprés trois mois de marche, nous arrivâmes au commencement de Janvier de l'année 1686. à la Baïe S. Loüis. Aux premieres approches de nôtre Colonie, nous apperçûmes que tous les environs en étoient défrichez, & même tres-bien cultivez. Nous y trouvâmes grand nombre de femmes, & les Habitations remplies de nouvelles familles : chaque famille avoit ses petites provisions, son jardin & ses possessions ; en un mot, tout y promettoit un heureux accroissement, & une nombreuse multiplication. Mon frere y fut reçu comme le pere commun de ce peuple naissant, & nous eûmes un fort grand plaisir de voir ces commencemens de societé de nos François avec les Sauvages, & le bon usage que chacun faisoit des avantages de ce nouvel établissement.

Comme la presence de mon frere étoit necessaire en ce païs, tant pour la consommation du Fort, que pour donner quelque reglement à ce nouveau peuple ; nous y sejournâmes encore environ trois mois. Ce tems étant écoulé, il resolut de repasser en France, pour obtenir de nouveaux secours de la Cour, & pour demander quelques renforts d'artisans & de laboureurs, tant en faveur de cette derniere Colonie, que pour toutes les autres qui sont repanduës en divers endroits de l'Amerique Septentrionale. Aïant donc pris congé d'un chacun, il partit accompagné de vingt François pour le Canada, & prit sa route vers les Islinois par les terres, sur la fin du mois de Mars de l'année 1686.

Cette route, quoique la plus penible, nous servit, non seulement à reconnoître le cours des rivieres, dont nous n'avion que vû l'embouchure, en descendant le *Missisipi*, mais d'observer de plus prés tous les peuples qui en habitent les bords, & de contracter avec eux d nouvelles alliances. Nous traversâmes d'abord la *Riviere aux Cannes*, ainsi nommée, à cause du grand nombre de Canards

Plusieurs Rivieres.

dont elle est couverte. Aprés celle-ci, nous passâmes *la Sablonniere*, qui n'a pour lit qu'une vaste campagne sablonneuse. Ensuite *le Robec*, dont les rivages sont habitez par des peuples qui parlent tous du gosier. Aprés celle-ci, *la Maligne*, aux environs de laquelle sont les *Quanoatinos*, Peuple aussi redoutable aux Iroquois par leur valeur, que par leur cruauté : Car outre qu'ils combattent sans quartier, ils se font une loi parmi eux d'en faire brûler autant qu'ils en peuvent prendre. Allant toujours plus avant, nous trouvâmes les *Taraha*, les *Cappa*, les *Palaquessons*, tous ennemis declarez des Espagnols.

Je n'entrerai pas dans un plus ample detail des particularitez de toutes ces Nations, & de toutes ces Contrées : Je me con-

Quanoatinos, Nation de Sauvages.

tenterai de dire, que bien que ces païs soient beaux, generalement parlant, on remarque en chacun d'eux son abondance & sa beauté particuliere. Les uns abondent en blé d'Inde, dont on fait de la boüillie; les autres en *Tonquo*; les autres en *Cassave*, dont on fait une espece de pain. On voit une multitude innombrable de *Cibolas* chez les Peuples qui approchent le plus de la Mer. Les *Castors* sont par troupe chez les *Ouadiches*, les *Ouabaches*, les *Akancéas*, les *Iroquois*, & dans beaucoup d'autres Cantons de l'Amerique. Les *Ours* sont tres-frequens dans les païs du Nort. Pour des Chevaux, on n'en voit que chez les Peuples voisins des Espagnols; mais presque par tout on voit des *Orignacs*, des cerfs, des élans, des loups, tant cerviers que communs;

[marginalia: Fertilité de chaque côtrée.]

communs; de gros béliers, des moutons & des brebis, qui ont une foie beaucoup plus fine que les nôtres.

Ce fut au travers de toutes ces Plaines, que nous reconnûmes une infinité de Sauvages, qui nous reçûrent tous avec beaucoup d'humanité, & avec une entiere soumission aux loix de nôtre grand Monarque. Nous trouvant entre les *Palaquessons*, & les *Nouadiches*, les provisions nous manquerent; nous eûmes recours à la chasse: trois ou quatre de nos chasseurs se détacherent de la troupe pour aller dans les bois; ils n'y furent pas long-tems sans rapporter du gibier. La beauté du païs situé entre deux Nations tres-affectionnées pour la nôtre; la campagne abondante en blé d'Inde, en toutes sortes de fruits & de gibier,

Bonté du païs situé entre deux Peuples.

les pâturages remplis de bétail de toute espece, & sur-tout de chevaux : Tous ces grands avantages firent naître à mon frere l'envie d'y faire un établissement. Dans cette pensée, il trouva à propos de me faire prendre les devants vers les Islinois, tant pour vous informer de son arrivée, que pour d'autres raisons que je vous dirai dans la suite. Il me donna le Pere *Anastase*, Cavelier mon neveu, M. *de la Marne*, quatre autres François, & deux esclaves pour me servir d'interpretes, avec deux canots, deux chevaux de charge, & nos munitions necessaires. Nous nous séparâmes le 15. Mai de l'année 1686. & nous prîmes nôtre chemin par les terres, tant pour la commodité de nos chevaux, que pour les frequens secours que nous tirions des Sau-

de l'Amerique Sept. 283
vages, autant zelez pour nous, qu'ils sont ennemis des Iroquois & des Espagnols.

Dés la premiere journée, nous allâmes coucher chez les *Noua-diches*, qui nous reçûrent à bras ouverts, & qui nous inviterent à nous joindre avec eux pour faire la guerre aux Espagnols: Ils nous assurerent qu'il y avoit beaucoup d'or & d'argent chez eux; qu'ils nous abandonneroient volontiers toutes ces richesses, & qu'ils ne pretendoient s'en reserver que les femmes & les enfans pour en faire des esclaves. Quelque peu d'amitié que nous eussions pour les Espagnols, nous ne laissâmes pas de sentir de la repugnance à cette proposition; nous ne pûmes consentir que des Chrétiens devinssent esclaves de Sauvages. Pour colorer nôtre refus, nous leur

Nouadiches Nation de Sauvages.

A a ij

repondîmes que nous n'étions pas nombre suffisant pour leur être de quelque secours dans cette guerre, mais que nous allions trouver le Capitaine *Tonti*, à qui nous ne manquerions pas de representer les mêmes conditions qu'ils nous offroient, & que sans doute il les accepteroit. Cette reponse les satisfit ; ils nous donnerent des vivres en abondance, & nous logeâmes dans leurs meilleures cabannes.

<small>Plusieurs autres Peuples</small>

Le lendemain nous poursuivîmes nôtre route vers les *Cenis* & les *Nassonis*. Ceux-ci nous donnerent des guides pour nous conduire jusques chez les *Nabiri* ; & ceux-ci pour aller jusques chez les *Naausi*. Nous fûmes également bien reçûs de tous ces Peuples ; & nous trouvâmes par tout les mêmes dispositions à vivre dans nôtre al-

de l'Amerique Sept. 285
liance, & sous la protection de nôtre Prince.

Les Terres y sont fertiles, & le climat heureux pour la vigne, les seps y viennent d'eux-mêmes; l'on voit parmi les ormes le raisin fleurir, & croître à l'ombre de leurs feüillages. On ne sauroit faire trois lieuës, qu'on ne rencontre quelque ruisseau, ou quelque riviere; les Castors y sont par troupes; tout le peuple generalement y adore le Soleil; & n'ont d'autre couverture qu'un certain tissu de jonc, où des nattes tres-fines, qu'ils bigarrent de certaines peintures du Soleil, d'oyseaux, & de fleurs. Pour armes, ils ne connoissent que l'arc & la fléche; un coup de fusil ou de pistolet, leur paroît un coup de foudre précedé par son éclair. *Fertilité de ces Païs.*

Nous passâmes des *Naaussi* chez les *Cadodaches*; nous y fû- *Cadodaches, reception.*

qu'ils *reçûs d'une maniere tout-à-*
tôt aux *fait genereuse; ce ne fut pas un*
Fran- *accueil, mais un triomphe. Les*
çois. Principaux de la Nation vinrent
au devant de nous ; on nous
conduisit entre deux rangs de la
jeunesse armée, jusques dans les
cabannes tres-propres : Le reste
du regal fut aussi grotesque que
sauvage ; des femmes bazan-
nées, mais tres-bien faites, & à
demi-nuës, nous laverent les
piés dans des auges de bois ; on
nous servit de differens mêts
tres-bien apprêtez. Outre la
boüillie & le cerf boucanné,
mêts ordinaire à tous ces Peuples, on nous presenta un grand
rôt de poulets d'Inde, d'oyes,
de canards, de ramiers ; sans y
oublier les pigeons à la grillade.
Parmi cette grande réjoüissance,
il nous arriva un mortel déplaisir ; Comme les chaleurs étoient
grandes, tant à raison du cli-

mat que de la saison, M. *de la Marne* eut envie de s'aller baigner dans une riviere, qui passe le long du village; Pour cet effet il chercha un lieu à l'ombre, pour y prendre tranquillement le bain ; L'aïant trouvé, il se jetta à l'eau; mais par malheur il tomba dans un abyme, où il fut englouti à l'instant même : Quelque tems aprés, ne le voïant point revenir, nous voulûmes nous approcher du lieu où il s'étoit retiré, il n'y étoit déja plus; nous eûmes la pensée que peut-être quelque Crocodile l'auroit devoré ; mais des gens du lieu, aïant vû l'endroit où il s'étoit jetté, ne douterent plus qu'il ne se fût perdu dans ce gouffre. En effet, l'aïant pesché sur l'heure même, on le retira mort & tout défiguré.

M. de la Marne se baigne & se noïe.

Je ne puis assez exprimer quel

fut nôtre regret à la vûë d'un si triste spectacle : La femme du Chef vint elle-même l'ensevelir ; nous lui rendîmes les derniers devoirs ; & aprés l'avoir pieusement inhumé, nous mîmes une Croix sur sa sepulture. Les Sauvages, témoins de nos ceremonies, joignirent leurs larmes avec les nôtres, & tâcherent de nous consoler par toutes les honnêtetez qu'ils nous purent faire.

Autres Peuples sauvages. Le jour suivant nous trouvâmes sur la même riviere les *Narchoas*, les *Ouidiches* ; nous vîmes à cinq lieuës plus bas les *Cabinvio*, & les *Mentons*. Ces Peuples ne sachant ce que c'étoit que nos armes, nous prenoient pour les maîtres du Tonnerre, & nous craignoient en même tems. Les Castors sont en tres-grand nombre dans leur païs, mais surtout

tout chez les *Ozotheoas*, qui sont obligez d'en brûler les peaux, tant elles sont communes chez eux.

Ces Peuples nous donnerent deux guides pour nous conduire chez les *Akancéas*, dont ils dépendent. Ce fut-là que nous commençâmes à nous reconnoître : Nous vîmes une Croix élevée : au milieu étoient attachées les Armes du Roi, à quelques pas de-là, nous apperçûmes une belle maison à la Françoise, habitée par un nommé *Couture*, qui nous y reçut honnêtement, & nous apprit que cette habitation vous appartenoit avec toutes ses dépendances.

Aprés nous y être reposez deux jours, nous passâmes dans les villages des *Torimans*, des *Doginga*, & des *Cappa*, pour gagner le Mississipi ; ces derniers Peuples nous accommoderent d'une piroque pour deux chevaux que nous leur donnâmes.

Fatigué de nos courses par terre, je pris le parti de remonter le Mississipi, jusqu'à la riviere des Ilinois ; le Pere *Anastase* fut fort aise d'entrer dans le même canot que moi. Cavelier mon neveu se joignit à cinq autres François ; & s'étant contenté d'un Sauvage, il m'en laissa un autre pour me servir d'Interprete & de Rameur. Nous étant donné rendez-vous chez les Miamis, nous nous separâmes ; il suivit les plaines, & je m'embarquai sur le Mississipi, vers le quinze d'Aoust de l'an 1686.

Il seroit inutile de parler ici de toutes les Nations que nous rencontrâmes ; je ne ferai mention que de celles que nous ne reconnûmes pas dans nôtre descente. Les *Chicacha* furent les premiers, que nous trouvâmes à trente lieües des *Akancéas*; ce sont des Peuples tres-dociles, industrieux, braves, guerriers, & en assez grand nombre pour mettre en tout tems deux mille combattans sous les armes.

Chicacha.

Nous continuâmes de-là nôtre route vers les *Ouabaches*: à dix lieües de leur riviere, on voit celle des *Massourites* & des *Ozages*, qui n'est ni moins rapide, ni moins profonde que le Mississipi. Nous la remontâmes pendant deux jours, tant à dessein de reconnoître les Nations qui sont sur ses bords, que pour nous fournir de nouvelles provisions. Nous rencontrâmes, en la remontant, les villages des *Panivacha*, des *Pera*, des *Panaloga*, des *Matotantes*, des *Ozages*; tous

Peuples braves, nombreux, & bienfaisans ; & qui parmi les bons mêts & les bons fruits, dont ils nous regalerent, nous firent manger des raisins d'un goût merveilleux.

Le troisiéme jour, aprés avoir remonté cette riviere, nous allâmes regagner le Miffiffipi, où nous étant rembarquez en canot, nous le remontâmes pendant quelques jours, jufqu'à la riviere des Iflinois ; Et aprés trente jours de navigation, nous arrivâmes au pié du Fort de *Crevecœur* ; de-là nous retournâmes au Fort S. Loüis.

Nous eûmes d'abord le chagrin de ne pas vous y rencontrer ; mais à prefent nous avons la confolation de vous y voir en parfaite fanté. Là-deffus aïant renouvellé nos embraffemens, je demeurai quelque tems fans lui rien dire, ne sachant pas bien moi-même en quel état j'étois pour lors. D'un côté, la perte de nôtre flote, & de la plûpart de nos François, m'avoit fort attristé ; de l'autre, l'assurance qu'il m'avoit donnée de la santé de M. de la Sale, & le succés de tant de belles découvertes, m'avoient fait passer de la tristesse à la joïe. J'étois même dans un étonnement qui tenoit de l'admiration ; mais aussi l'absence d'une personne, pour qui j'avois une reconnoissance, & une amitié aussi tendre que respectueuse, dont j'attendois le retour depuis un si long-tems, & avec tant d'impatience ; d'ailleurs le regret de n'avoir pas été le témoin & le compagnon de ses voïages, me penetroit d'une douleur que je ne pouvois surmonter. Aussi ne pouvant retenir les chagrins de mon cœur : Helas, *lui dis-je*, comment se peut-il faire que M. de la Sale, mon unique Protecteur, & mon appui, soit depuis deux ans, de retour en Amerique ; & que j'aïe été pendant tout ce tems-là, non seulement privé du plaisir de le voir, mais de recevoir de ses nouvelles ; & que même encore, il ne me soit pas permis de l'embrasser? Je vous avouë, que quelque joie que vôtre presence me donne, je me trouve saisi en vous voïant, d'une plus grande douleur ; puisque plus je vous regarde, & plus je ressens de chagrin de ne le pas voir. Ah Ciel, *disois-je toujours*, M. de la Sale est depuis deux ans dans l'Amerique, & je ne puis encore le joindre, ni lui parler? Helas ! ce n'a pas été ma faute; Dés que j'ai crû qu'il pouvoit avoir touché quelques-uns de ces bords du Golphe-Mexique, je suis descendu vers ces contrées ; j'ai visité tous les Caps, tous les rivages de cette Mer, tant du côté de la *Malcoline*, que du côté de la Mexique ; j'ai parcouru tous les Peuples qui sont sur ces bords, les *Picheno*, les *Ozembogu*, les *Tangibao*, les *Oftonoos*, les *Maufoleas*, les *Moufa*: Je leur ai demandé à tous M. de la Sale, & pas-un ne m'en a jamais sû rien dire ; jugez de ma peine & de ma douleur.

Le moïen, *me difoit-il pour lors*, que vous pussiez nous rencontrer ? Vous allâtes nous chercher à l'embouchure du Mississipi & aux environs, & nous n'abordâmes qu'à vingt-cinq lieuës au dessus ; Vous suivîtes le cours de ce fleuve dans vôtre descente &

dans vôtre retour ; & nous nous écartions toujours, tirant vers le Sud-Est, & le long du Golphe-Mexique. Quel moïen de nous trouver en suivant des routes si opposées ? Pour le moins, *lui dis je*, devoit-il m'envoïer quelqu'un pour m'informer de son retour. Il est vrai, *me dit-il*, aussi l'auroit-il fait, s'il l'avoit pû : Mais qui de ces nouveaux-venus auroit pû démêler les chemins au travers de tant de Barbares, & dans une si grande distance ? Et pouvoit-il se passer de ses deux neveux ni de moi ? D'ailleurs, l'esperance qu'il avoit de vous revoir bien-tôt en personne, lui fit toujours differer à vous informer de son arrivée. A la bonne heure, *lui dis-je*, on ne peut remedier au passé ; ce qui me réjoüit, c'est de savoir qu'il se porte bien, &

à peu prés où il est : nous ne serons pas, Dieu aidant, long-tems à l'aller retrouver. Cependant je me ressouviens, *lui dis-je*, que vous aviez encore quelque chose de plus particulier à me communiquer de sa part ; je vous prie de me le declarer, afin que je puisse prendre au plûtôt de justes mesures pour mon voïage.

C'est, *me dit-il*, que mon frere impatient de donner les secours necessaires à l'affermissement & à l'entretien de sa nouvelle Colonie, & de faire bâtir deux Ports & deux Havres, l'un à la Baïe S. Loüis, & l'autre à l'embouchure du Mississipi, dont il a tres-bien observé le fond & les bords, ne m'a détaché d'avec lui, que dans le dessein de me faire incessamment repasser en France, tant pour informer la Cour de son dernier établissement, & de ses grandes découvertes, que pour preparer les esprits à lui accorder ce qu'il faut pour des choses si pressantes & si necessaires. C'est pour cela qu'il m'envoie à Quebec, & qu'il m'a chargé de venir vous trouver pour vous demander quelque argent ; je vous en donnerai un reçû, & mon frere vous en tiendra compte.

Ce discours fut accompagné d'une Lettre bien cachettée du Cachet de M. de la Sale : A l'égard de l'écriture, je n'y fis point de reflexion ; leurs caracteres étant d'ailleurs si approchans, qu'il eût été mal-aisé d'en connoître la difference. Je lûs cette Lettre avec un extréme plaisir ; elle contenoit à peu prés la même demande, avec des protestations d'une entiere confiance, &

d'une parfaite amitié. La joie où j'étois d'apprendre de ses nouvelles, la simplicité de la personne qui me presentoit cette Lettre, & le devoûment que j'avois fait de tout ce que je possedois, aux volontez d'un homme, à qui je croïois tout devoir, ne me permirent pas de balancer. Je demandai aussi-tôt à M. Cavélier ce qu'il souhaitoit: Il me dit qu'il croïoit que son frere avoit fixé la somme à celle de sept mille livres. Il est vrai, *lui dis-je*, mais s'il vous en faut davantage, vous n'avez qu'à me le demander ; tout ce que j'ai, est à vôtre service. Il me remercia fort honnêtement, & me dit qu'en cas qu'il eût besoin de quelque chose de plus, il le pourroit trouver en France ; De sorte que je lui comptai sur l'heure même cette somme d'argent ; il voulut m'en faire son reçû, suivant l'ordre qu'il me dit en avoir de son frere. J'y donnai volontiers les mains ; & comme il me protesta qu'il vouloit partir le lendemain, je rafraichis son équipage & ses munitions : nous passâmes le reste de la journée le moins mal qu'il nous fut possible ; & le jour suivant, il prit congé de moi, du grand matin, & partit avec un Pere Recolet, & un esclave, à dessein de passer chez les Miamis.

Je me disposai à partir le jour suivant par la riviere ; tout étoit reglé pour cela. Aprés avoir passé le reste du jour avec assez d'inquietude, le lendemain comme j'allois embarquer mon petit équipage, environ les neuf heures du matin, je vis arriver le Sr *Couture*, mon Lieutenant parmi les Akancéas, chez lesquels

Mrs Cavélier, oncle & neveu, étoient allé se reposer. J'eus d'abord un vrai plaisir de le voir, mais un moment aprés, il me jetta dans un terrible accablement. Je lui demandai aussi-tôt en quel lieu il avoit laissé M. de la Sale. M. de la Sale, *me dit-il*? Ne savez-vous pas qu'il est mort? M. de la Sale est mort, *m'écriay-je*? Cela n'est que trop vrai, *me dit-il*, il est mort; il a été assassiné par ses gens, entre les *Palaquessons* & les *Nouadiches*. Que me dites-vous là? Cela est-il possible? Hé! Quoi, son propre frere M. Cavelier vient de prendre congé de moi; bien loin de me rien dire de cela, il m'a rendu une Lettre de sa part, & ne m'en a pas témoigné la moindre douleur. C'est de lui-même que je le sai, *me dit-il*; ses larmes & celles de son ne-

Mort de M. de la Sale.

veu *Cavelier*, ne me l'ont que trop confirmé; & je suis au desespoir de vous dire le premier une si méchante nouvelle. Je fus si consterné par cette réponse, que je tombai dans un accablement extrême. Je ne pûs ni parler ni pleurer; je me trouvai si saisi, que je ne savois que devenir. Quelques momens après, je me levai, en disant: *M. de la Sale, mon unique Patron est mort, assassiné par les siens! Iuste Ciel! Cela se peut-il? mais puis-je savoir qui sont les malheureux qui ont porté leurs mains parricides sur un si bon pere?* Ce sont deux coquins, *Dan & Lantelot*, me dit-il. Ah! les scelerats, m'écriay-je! Par quel motif, ou plutôt quel demon a pû les porter à commettre un forfait si terrible? Je le priai de me dire tout ce qu'il en savoit. Helas!

Auteurs de sa mort.

me dit-il, je vous le dirai de point en point, comme on me l'a raconté.

M. de la Sale, revenu d'une fort grande maladie, avoit regagné sa derniere Colonie, au Fort S. Louis, & en étoit reparti le 26. Mars de l'année 1686. dans le dessein de revoir ses anciens établissemens, accompagné d'environ trente personnes, du nombre desquels étoient son frere, ses deux neveux, les deux freres, *Lantelot* & *Dan*, un Sauvage *Choouanou*, deux Flibustiers Anglois, & un certain *Hiens*, Allemand de Nation.

Dés la premiere journée, M. de la Sale s'étant apperçû, que le plus jeune des Lantelot, encore foible d'une grande maladie, ne pouvoit suivre le reste de la troupe, voulut le renvoïer à la Baïe. Quelques inftantes prieres que fon frere fit pour ne fe pas feparer d'avec lui, M. de la Sale ne voulut point s'y rendre: le jeune Lantelot fut ainfi obligé de s'en retourner à la Baïe. Ces manieres qui parurent hautes & imperieufes, furent difficiles à digerer à un homme de cœur. Par malheur il arriva que ce jeune homme fut rencontré en chemin par quelques Sauvages, qui l'égorgerent. La nouvelle en vint le jour même à fon frere aîné, qui ne put diffimuler fa douleur. Il en jetta d'abord la faute fur M. de la Sale. Dés ce moment, penetré de fureur & de reffentiment, il jura f[a] perte. Aprés s'être laiffé alle[r] aux plaintes & aux regrets, il é[-]touffa tout d'un coup fa colere meditant de la faire éclater dan[s] l'occafion. Il fuivit le refte de l[a] troupe

Le jeune Lancelot égorgé par les Sauvages.

troupe; & aprés deux mois de marche, les vivres leur aïant manqué entre les *Palaquessons*, & les *Noadiches*, Dan & Lantelot firent une partie pour aller chasser dans les bois; ils engagerent le sieur *Moranget*, à se joindre avec eux. Celui-ci, sans entrer dans aucune défiance, ou plûtôt par complaisance, se mit de leur partie; les deux autres qui lui en vouloient depuis long-tems, tant par la jalousie qu'ils avoient de son merite, que par la haine implacable qu'ils portoient à son oncle, l'aïant insensiblement attiré à l'écart, assouvirent leur rage sur lui; pour cet effet ils lui donnerent un coup de hache sur la tête, dont il mourut deux heures aprés, en bon Chrétien, pardonnant de tout son cœur à ses ennemis. Ce fut-là le premier coup de leur vangeance.

Moranget assommé d'un coup de hache.

Le jour étant fini, & M. de la Sale ne voïant pas revenir son neveu, ni ceux de sa compagnie, passa la nuit en d'étranges inquiétudes. Le lendemain il alla lui-même vers l'endroit, où il jugea qu'ils pouvoient avoir été; il ne fut pas long-tems à le trouver; le Pere Anastase, son frere & son laquais le suivirent presqu'aussi-tôt. Etant arrivé dans une prairie, qui est sur le rivage du Mississipi, il entrevit au travers de l'herbe fort haute, le valet de *Lantelot*; d'abord il lui demanda où étoit Moranget son neveu. Ce coquin lui répondit avec impudence, qu'il pouvoit l'aller chercher à la dérive. En effet, le corps de cet infortuné jeune homme étoit-là étendu, & deux vautours voltigeoient au-dessus, pour en faire leur curée: Cependant ces deux perfides étoient couchez & cachez dans l'herbe, le fusil bandé: Comme M. de la Sale voulut approcher de ce valet, pour le mettre à son devoir, il se sentit atteint de trois balles à la tête, d'un coup de fusil que lui lâcha Lantelot : Il tomba à terre, le visage tout ensanglanté. Le Pere *Anastase* & son frere aiant entendu le coup, coururent d'abord à lui, ils trouverent qu'il se mouroit, mais encore avec quelque connoissance. Leur douleur ne les empêcha pas de lui donner les derniers secours, du moins pour le salut de son ame; & il eut assez de tems & de force pour se confesser, & faire à Dieu un sacrifice de sa mort. Voilà le dernier coup de leur rage, & la fin tragique de nôtre illustre Chef, & de vôtre bon ami.

Ces derniers mots me ferrerent si fort le cœur, que je n'eus pas la force de me plaindre. Je demeurai muet, immobile pendant quelque tems ; mais enfin, la violence de ma douleur me faisant revenir de ma consternation, par un soudain débordement de larmes : ô Ciel ! *dis-je*, quoi je ne reverrai plus M. de la Sale ? Quel espoir ? Quelle ressource me reste-t-il ? Que deviendront toutes ces familles naissantes, dont il étoit le pere, le soutien & la seule consolation ? Quel desespoir pour elles ? que de travaux perdus ? que de personnes desolées par la perte d'un seul homme ? Helas ! se peut-il qu'une personne si venerable par sa vertu, si utile à la France par ses grandes découvertes ; qu'un homme si respecté, si cheri des Peuples les plus barbares, ai

M. de la Sale est bien regretté

été massacré par les siens ? Est-il de supplice assez grand pour ces meurtriers, pour ces miserables ? mais où les trouver ? Ah ! si jamais je puis les découvrir ! C'en est fait, me dit alors *Couture*, ces scelerats sont déja punis, s'ils peuvent l'être assez par leur mort. Comment, *lui-dis-je*, la Terre les a t-elle engloutí, ou le Ciel les a t'il foudroié ? Non, *me dit-il*, leurs camarades leur ont rendu justice. Ces malheureux, aprés cet attentat, voulurent encore faire main-basse sur tout le reste, pour ne point laisser de témoins de leur crime ; mais les deux Anglois feignant d'entrer dans leur interêt, & de soutenir leur action, obtinrent grace pour le Pere & le neveu qui restoient, avec la liberté d'ensevelir les deux corps.

Pendant que ces deux parens

affligez avec ce bon Religieux, s'acquittoient de leurs devoirs envers les défunts, ces perfides coururent s'emparer du reste des effets, & des marchandises de M. de la Sale ; le tout consistoit en dix chevaux, quelque linge, & environ deux mille écus en marchandises. Dés qu'ils se furent saisis de tout, le reste de la troupe se vit obligé de faire de necessité vertu, & de se joindre à eux. Le frere & le neveu, qui avoient racheté leur vie par le silence, & par un abandonnement volontaire de tout, se virent forcez de suivre le torrent. On arriva au village des *Nouadiches* ; quelques François qui avoient deserté du vivant de M. de la Sale, s'étoient habituez parmi ce peuple. Ces peuples voïant arriver cette nouvelle compagnie assez bien armée, & mediocrement équipée, n'eurent pas moins de joïe de les voir, que les François; ils leur firent un tres-bon accueil, & les inviterent dés le premier abord à aller avec eux faire la guerre aux *Quoanantinos*. Il falut s'accommoder au tems & au besoin, tous entrerent dans cet engagement, à la reserve des deux Mrs Cavelier, & du Pere Recolet.

Cependant *Lantelot*, & *Dan* qui s'étoient érigez en chefs de la troupe, faisoient logement à part, disposoient absolument de tous les effets de feu M. de la Sale, s'en divertissoient, & faisoient bonne chere.

On attendoit de jour en jour le départ des Sauvages. L'Anglois & l'Allemand qui n'avoient eu aucune part aux dépoüilles du défunt, & qui avoient neanmoins un grand besoin de s'équiper, allerent bien armez trouver leurs pretendus chefs dans leur cabanne, les prierent de vouloir les accommoder de quelque linge pour leur nouvelle expedition. *Lantelot* les reçut brusquement ; l'Anglois lui réitera sa demande ; l'autre lui fit un second refus encore plus brusque que le premier : là-dessus l'Anglois lui dit : *Tu es un miserable ; tu as tué ton Maître & le mien* ; & dans le même instant tirant un pistolet de sa ceinture, il lui enfonça trois balles dans les reins, dont il le porta par terre. *Dan* voulut aussitôt courir à son fusil, mais l'Allemand le coucha en joüe, lui cassa la tête, & le tua tout roide. On accourut aussi-tôt à ce bruit, le Pere Anastase trouva l'un mort, l'autre qui se mouroit : il confessa

Bantelot & Dan assassinez par un Anglois & un Allemand.

confessa celui-ci qui étoit le meurtrier de M. de la Sale. A peine lui eût-il donné l'absolution, qu'un François vint lui brûler les cheveux d'un coup de pistolet sans balle ; le feu prit aussi-tôt à sa chemise qui étoit assez grasse ; & ce malheureux se vit mourir dans les flâmes. C'est ainsi que perirent ces meurtriers, dont l'action étoit trop noire pour rester long-tems sans punition. On ne doute point que ceux qui liront cette Relation, ne conçoivent de l'horreur contre de pareils assassins.

L'Allemand & l'Anglois se rendirent ensuite les maîtres de leurs dépoüilles ; & ils offrirent le tout à la discretion de Mrs Cavelier, qui n'en prirent qu'autant qu'il leur en faloit pour leur voïage ; & qui aprés leur avoir abandonné le reste, vinrent me trouver chez les *Akancéas* ; ils étoient l'oncle & le neveu, M. de la Marne, M. Jouſtel, & un *Chaouanou* ; c'eſt de leur propre bouche que j'ai appris tout ce que j'ai rapporté. Je fus témoin de leurs regrets & de leurs larmes ; ils ſe repoſerent deux jours dans vôtre maiſon ; & le troiſiéme jour ſuivant, ils partirent pour les Iſlinois. Voilà, Monſieur, tout ce que j'en ſai.

Je n'ai vû, *lui dis-je alors*, que l'oncle & le Pere Recolet ; pour ce qui eſt du neveu, de M. Jouſtel, & du *Chaouanou*, je ne les ai point vûs. A l'égard de M. de la Marne, il me ſouvient que M. Cavelier m'a dit qu'il s'étoit noïé. Cependant je ne puis revenir de mon étonnement, quand je ſonge à la conſtance & à la tranquillité avec laquelle il m'a conté tout ſon voïage, & toutes ſes avantures : l'on dit que les grandes douleurs sont muettes, je n'oserois douter de la sincerité de la sienne, mais je suis sûr qu'il a bien démenti cette maxime. Il avoit besoin de dissimuler, me répondit alors *Cousture* ; il vouloit dissiper sa douleur par de longues histoires ; & d'ailleurs il avoit ses vûës & ses raisons pour cela.

Je comprens fort bien vôtre pensée, *lui dis-je* ; il vouloit tirer de l'argent de moi ; & il apprehendoit que je ne lui en donnasse pas, s'il m'apprenoit la mort de son frere. Mais, helas ! j'étois trop redevable à son nom & à sa famille, pour lui rien refuser. Plût à Dieu n'avoir rien au monde, & n'avoir pas perdu mon cher Protecteur, mon cher Maître, & mon plus fidele ami !

Mais, helas ! tous nos regrets sont vains : Si nous ne pouvons reparer cette perte, armons-nous du moins de constance : Tâchons de voir finir ce qu'il a si heureusement commencé.

Dés ce moment je me raffermis dans le dessein d'aller, non seulement porter du secours à ces pauvres François abandonnez sur le bord de la mer, mais même d'aller faire quelque nouvelle entreprise, qui me donnât sujet de me consoler de la perte que j'avois faite. Je fis mes preparatifs pour une nouvelle descente vers la mer, & vers toutes ces Nations reconnuës nouvellement par M. de la Sale, & dont son frere m'avoit parlé.

Dans cet entre-tems je reçus une Lettre de M. le Marquis d'Enonville, nôtre Gouverneur, par laquelle j'appris que nous avions la guerre avec les Espagnols, & par laquelle il me donnoit une entiere liberté d'entreprendre sur eux tout ce que je pourrois. Cette Lettre jointe à ce que M. Cavelier m'avoit dit au sujet de ces Nations qui devoient leur faire la guerre, m'anima d'autant plus à presser mon voïage. Je partis donc le troisiéme jour de Decembre 1687. accompagné de cinq François, de quatre *Chaouanous*, & de quelques autres Sauvages. Je laissai mon cousin de Liette pour Commandant au Fort S. Loüis. Ma premiere journée se termina au village des Islinois. Je trouvai qu'ils venoient de la guerre contre divers peuples voisins, dont ils ramenoient cent trente prisonniers.

Je passai de-là chez les *Cappa*, qui me firent une fort bonne

Guerre avec les Espagnols.

reception. Les *Toginga*, les *Torimans* me reçurent avec une pareille demonstration d'amitié & de consideration.

De-là je fus chez les *Ossotoüe*, où j'avois ma maison de commerce. J'y passai cinq ou six jours, pendant lesquels j'y fis de nouvelles emplettes, & augmentai mes munitions.

Je partis de ma maison sur la fin du mois de Fevrier 1688. je regagnai aprés quelques journées, le grand village de *Taensas*. Dans le cours de cette traitte, un de mes *Chaouanous* fut attaqué par trois *Chachouma*, il en tua un, & fut blessé lui-même legerement à la mammelle, d'un coup de fléche. Il nous arriva un malheur bien plus grand dans cette route : Deux François de ma troupe, s'étant écartez dans les bois pour chasser, furent attaquez par un parti des *Naches*, & furent malheureusement tuez. Ce déplaisir fut d'autant plus grand pour nous, qu'il nous fut impossible de nous en vanger, ne pouvant joindre ces Sauvages.

Etant arrivé chez les *Taensas*, les Principaux de la Nation m'informerent de la querelle qu'ils avoient avec les *Nachitochés*, à raison du sel, dont ceux-ci ne vouloient point leur faire part, & me prierent de vouloir me mêler de leur accommodement. J'acceptai volontiers cette mediation : Trente *Taensas* se joignirent à nôtre troupe ; nous arrivâmes aprés huit jours de marche au village des *Nachitoches* : Cette Nation ne fait qu'un Peuple avec deux autres qui sont les *Ouasita*, & les *Capichis*. Les Chefs des trois Nations s'étant

Differend entre les Taensas & les Nachitoches, au sujet du sel.

assemblez, on me fit asseoir au milieu : Les trente *Taensas*, avant que de prendre leur place, demanderent la permission d'aller au Temple implorer le secours de leur Dieu pour en obtenir une bonne paix. Le Soleil est la Divinité la plus ordinaire de tous ces Peuples. Ils furent conduits au Temple ; & aprés avoir fait leur priere, ils furent ramenez à l'Assemblée, où s'étant presentez, ils prirent leur Dieu à témoin de la sincerité de leurs intentions pour la paix ; presenterent leurs presens aux trois Nations, & me prirent pour garant de leur bonne foi. Je fis valoir du mieux qu'il me fut possible, leurs interêts dans l'esprit de ces trois Peuples ; je portai les choses à un bon accommodement, qui fut cause que ceux-ci leur promirent de leur fournir du sel en échange de leurs peaux & de leurs grains. Ces conventions faites, ils se jurerent une paix mutuelle, & l'on dansa le *Calumet*. Je pris ensuite congé des uns & des autres.

Les *Nachitoches* me donnerent cinq guides pour me conduire au village des *Yataches*; je montai, pour y aller, la riviere *Onoroyste* environ trente lieuës. Nous trouvâmes dans nôtre route quinze cabannes de Naches. Nous y passâmes la nuit, nous tenant toujours sur nos gardes; le lendemain en aïant rencontré une douzaine à l'écart, nous ne les épargnâmes point, & nous vangeâmes sur eux la mort des deux François qu'ils avoient égorgez. A quelques journées de-là, nous arrivâmes chez les *Yataches*, joints avec deux autres Nations, qui font trois villages ensemble; à savoir, les *Yataches*, les *Onadao* & les *Choye*. Comme ils apprirent nôtre arrivée, ils vinrent trois lieuës au-devant de nous, avec de bons rafraichissemens. Nous allâmes de compagnie à leur village; les Chefs nous firent plusieurs festins; je leur fis quelques presens, & je leur demandai des guides pour me conduire jusques chez les *Quodadiquio*. Ils eurent bien de la peine à m'en accorder, parce que depuis trois jours ils avoient massacré trois de leurs Ambassadeurs; mais à force de prieres & de protestations de les défendre, ils nous en accorderent cinq.

Quand nous fûmes proche des trois villages, nous découvrîmes sur les chemins, des pistes d'hommes & de chevaux. En effet nous rencontrâmes le matin quelques Cavaliers qui s'offrirent à nous y conduire. J'étois accompagné de vingt bons fusiliers, & ainsi en état de tenir en respect ces Sauvages. Dés que je fus dans le village, une femme qui tenoit le premier rang dans cette Nation, vint à moi, & me demanda vangeance de la mort de son mari, qui avoit été tué par les *Yataches*. Une autre vint me faire les mêmes plaintes, & c'étoient justement les femmes de ces Ambassadeurs, que les *Yataches* avoient massacrez. Tout le peuple sembloit s'interesser dans leur mort; & comme l'on se sert de tout, je promis à ces femmes & à tout ce peuple de vanger le sang de leurs maris & de leurs Ambassadeurs. Ils me conduisirent d'abord dans leur Temple, me laverent le visage avec de l'eau,

Avanture.

avant que d'y entrer; & après y avoir prié Dieu l'espace d'un quart d'heure, l'on me ramena dans la cabanne d'une de ces femmes, où je fus magnifiquement traité. C'est-là que j'appris que les sept François qui s'étoient détachez d'avec M. Cavelier, après la mort de M. de la Sale, étoient encore parmi les *Nouadiches*. Cette nouvelle me donna beaucoup de plaisir, & j'esperois être au bout de mes peines, si je pouvois les rejoindre. C'est pourquoi aïant passé le reste de la journée chez les *Quadodiquio*, je les priai de me donner des guides, & les assurai, qu'à mon retour, je leur ferois faire raison par les Yataches, où que je vangerois le sang par le sang.

Peuples unis ensemble. Les *Quodadiquio* sont joints avec deux Nations, à savoir les

Napgitoche, & les *Naſſonis*, situez sur la riviere Rouge. Ces trois Nations parlent une même langue : Elles ne sont pas assemblées par villages, mais par habitations assez éloignées les unes des autres : Leurs Terres sont fort belles, ils ont la pesche & la chasse en abondance, mais il y a fort peu de bœufs. Ces peuples font une guerre cruelle à leurs voisins ; aussi leurs villages ne sont-ils gueres peuplez. Je n'ai pas reconnu qu'ils fissent d'autres ouvrages que des arcs & des fléches, qu'ils trafiquent avec des Nations éloignées. Ils ont tous de fort beaux chevaux, qu'ils appellent *Cavallios*. Les hommes & les femmes sont piquez au visage, & par tout le corps ; ils croient en être plus beaux ; telle est la bizarrerie de l'esprit des hommes ; car ce qui fait la difformité dans un païs, fait la beauté dans un autre.

Rouge, Riviere Leur Riviere s'appelle *Rouge*, parce qu'effectivement elle jette un sable qui la rend rouge comme du sang.

J'en partis le sixiéme d'Avril 1690. avec deux esclaves qu'ils me donnerent pour les *Nouadiches*. Nous étant remis en chemin, nous trouvâmes quelques Sauvages *Nouadiches* à la chasse, qui m'assurerent qu'ils avoient laissé nos François chez eux ; ce qui me donna beaucoup de joïe ; mais j'eus en même tems le chagrin de perdre un jeune François de ma suite ; Trois jours aprés, il revint à moi, n'aïant plus son havre-sac, où j'avois mis la meilleure partie de mes munitions ; ce qui me mit dans une fort grande peine ; Cependant ne croïant pas à propos de lui en rien témoigner, nous allâmes coucher à une demie-lieuë du village des *Nouadîches*, où les Chefs nous vinrent trouver. Je leur demandai aussi-tôt des nouvelles de nos François, ils me dirent qu'ils se portoient fort bien; mais ne les voïant point, je n'en augurai rien de bon. Le lendemain étant arrivé chez eux, pas un d'eux ne se presentant à moi, je m'en défiai davantage: les Principaux de la Nation ne manquerent pas de me venir offrir le *Calumet*; je ne voulus rien accepter de leur part, qu'ils ne me representassent les François: Voïant que je m'opiniâtrois à cela, ils m'avoüerent que nos François, les aïant accompagnez à la guerre contre les Espagnols, avoient été investis par la Cavallerie, que trois avoient été tuez, & que les quatre autres s'étant retirez chez les *Quoanantinos*, ils n'en avoient plus entendu parler. Je leur répondis qu'assurément c'étoient eux-mêmes qui les avoient tuez ; ils s'en défendirent fort, & moi les en accusant toujours, leurs femmes se mirent à pleurer, & me firent connoître par leurs larmes, que leur mort n'étoit que trop veritable. Les *Nouadiches* firent ce qu'ils purent pour s'en disculper, & m'offrirent une seconde fois le Calumet ; je leur dis que je ne l'accepterois qu'aprés avoir appris à fond leur innocence sur cet article ; que cependant si je pouvois leur être utile à quelque chose, ils trouveroient en moi une fidelité inviolable. Le Chef répondit à mes civilitez par un present de dix beaux chevaux assez bien harnachez. Je lui donnai sept haches, & une brasse

brasse de grosse rasade.

Nous quittâmes leur païs le 29. du mois de Mai, & nous avançâmes jusqu'à une journée des *Palaquessons*. Ce fut-là que nous apprîmes que la derniere Colonie établie par M. de la Sale, sur les bords de la Mer-Mexique, n'aïant pû se maintenir dans une parfaite union, s'étoit toute dispersée; que les uns s'étoient confondus avec les Sauvages, & que les autres avoient pris le parti de remonter vers les habitations Françoises. C'est pourquoi n'aïant pas crû devoir les aller chercher où ils n'étoient plus, je me resolus de revenir sur mes pas; je tâchai de gagner le village de *Coroas*; mais une inondation prodigieuse étant survenuë par des pluïes extraordinaires, qui durerent trois jours consecutifs, nous-nous

E e

trouvâmes dans la plus grande peine du monde; le moins d'eau que nous avions, c'étoit jusqu'à demi-jambe. Il faloit dormir sur de gros arbres, & faire du feu au dessus. Nous fûmes heureux d'être munis de cassave, de bœuf & de cerf boucanné; nous restâmes trois ou quatre jours dans ces extremitez. De bonne fortune, nous trouvâmes une petite Isle, que les eaux n'avoient pas inondée, nous-nous y retirâmes un jour & une nuit, nos chevaux s'y refirent un peu, & la terre s'étant bien-tôt dessechée par les grandes ardeurs de la saison & du climat, nous regagnâmes en une journée le village des *Coroas*. Je ne saurois assez exprimer les bons traitemens que nous reçûmes chez ce peuple: Ils envoïoient tous les jours à la pesche & à la chasse

Coroás peuple sauvage

pour nous regaler : Ils nous fournissoient, avec abondance, des poules, des oyes, des pigeons & des poulets d'Inde. Ce qui redoubla ma joïe, c'est que j'y trouvai deux de ces François que j'avois été chercher chez les Nouadiches, & que j'eus le plaisir de reünir à ma troupe. Je quittai les *Coroas* le 20. Juillet, & j'arrivai le 31. chez les Akancéas, où la fiévre me prit ; ce qui m'obligea d'y sejourner jusqu'au 15. d'Aoust. Aprés m'y être un peu rétabli, je repris ma route jusqu'aux Islinois, chez lesquels j'arrivai au mois de Septembre.

La paix des Taensas avec les Nachitoches ; la satisfaction de me voir tres-bien reçu de tous ces peuples sauvages, & le plaisir de ramener deux François que je croïois perdus, furent les fruits de mon dernier voïage.

L'on peut voir, par cette Relation, la richesse & la beauté de toutes ces Terres habitées par tant de Peuples, qui font déja presque tous soumis, & qui sont parfaitement prevenus de la grandeur de nôtre Monarque. On ne sauroit croire l'abondance de ce Païs, tant en grains, en fruits, qu'en bétail. Il est entouré de tous côtez de grandes Mers, dont les bords qui sont tres-profonds, semblent nous y presenter des Ports naturels : Trois ou quatre Havres sur le Golphe-Mexique nous en assureroient indubitablement la possession. Les François y sont si fort aimez, que pour s'en rendre les maîtres, ils n'ont qu'à vouloir s'y établir. Ce qui y manque, peut y être porté par nos vaisseaux; comme aussi ce qui manque dans nos Terres, peut nous venir de celles-là; c'est d'elles que nous vient le principal secours de nos Pelleteries; nous pourrions en tirer des soies, du bois pour des vaisseaux, & d'autres commoditez. S'il y manque du vin & du pain, c'est moins par le défaut du terroir, que par le défaut de l'agriculture. Enfin, pour en retirer tous les tréfors de la Nature, il ne faut que les chercher, ou les cultiver. Tel est l'état des choses en ce païs. Plaise au Ciel, qu'une heureuse Paix nous en procure bien-tôt une joüissance parfaite & tranquille.

FIN.

TABLE
DES MATIERES.

A

AKANCEAS, Sauvages. *Page* 161. leur climat, 162. abondance de leur païs, 162. leur Religion, 163.

Allarme causée par un tambour, 158. 189.

Americains, leurs mœurs, 10. leur Religion, 11. sentiment qu'ils ont de leur ame, 12. leurs bonnes quatez, 13. leurs manieres particulieres, 14. leur science en l'Art militaire, en l'Agriculture & en la connoissance des Simples, 15. de l'Astronomie, 16. leur adresse, 16. leur industrie en la construction des canots, 17. leurs voïages par

DES MATIERES.

terre, 18. leur menage, 18. leur logement, 19. leurs lits & ustenciles de cuisine, 20. leurs armes, 20. leurs vestemens, 21. Soin du menage, partagé entre l'homme & la femme, 22.

Amerique septentrionale, fertilité de ce païs, 8. de chaque contrée en particulier, 280. 285.

Animal extraordinaire, 224.

Armes du Roy, arborées au bruit de l'artillerie, 162. 188.

Avantures, 104. 323.

B.

Baïe des Puans, 42. 132.
Baïe S. Loüis, 243.

Barque premiere vûë sur le Lac superieur, 31.

Barre (M. de la) son arrivée à Quebec en qualité de Gouverneur, 211.

de *Beaujeu*, son retour en France, 245.

Biscatonges, Sauvages surnommez Pleureurs, 255. caractere de ces peuples, 257

Bœufs, chasse qu'on leur fait, 142.

TABLE

Cadodaches, reception que ces Sauvages font aux François, 286.

Calumet, signal de la paix, 55. 158. 183. 222. 327. On le chante & on le danse, 56.

Canots dont se servent les Sauvages, 17.

Cappa, Sauvages, font de bons traitemens aux François, 158. 159. leurs mœurs & coûtumes, 161. leur climat, 162.

Castors, animaux amphibies 133. leur instinct 134. chasse qu'on leur fait, 138. sont en grand nombre chez les Mentons, 288.

Cavaliers. Rencontre de quatre Cavaliers bottez, 251.

Cavelier, frere de M. de la Sale, 238. recit qu'il fait de son voïage, 240.

Cenis, Sauvages, 267.

Chasseurs, bien reçus chez les Sauvages Chicacha, 155.

Chevaux farouches, 250. qualitez de certains chevaux sans estre ferrez, 274.

Chicacha, Sauvages, reçoivent bien deux chasseurs, 155. ce que c'est que cette nation, leur caractere, 291.

Chinonoas

DES MATIERES.

Chinonoas, Sauvages qui savent distinguer les François d'avec les Espagnols, 260.

Choumans, leurs Ambassadeurs, 269.

Cibolas, espéce de gros bœufs: comment s'en fait la chasse, 194.

Collier presenté, quel signal c'est, 103.

Contretems fâcheux, 271.

Coroas, village de Sauvages, 188.

Coroas, Sauvages, bon traitement qu'ils font aux François, 330.

Cousture apporte la nouvelle de la mort de M. de la Sale, 301.

Crocodiles en grand nombre chez les Taëncas, 164. Servent de nourriture, 197. un Crocodile entraîne un homme dans l'eau, & le devore, 275.

Croix mise au haut d'un gros arbre, 192.

D.

M. DACAN envoïé à la decouverte des terres qui sont le long du fleuve Mississipi, 91. Ses progrés & sa course, 93.

Dan s'érige en Chef de la troupe, après la mort de M. de la Sale, 311.

TABLE

est tué par un Allemand, 312.
Député vers les Iroquois, peril auquel il est exposé, 105, *& suiv.* court risque d'estre égorgé, 108. est renvoié avec proposition de paix, 109. son rapport aux Islinois, 111. Deputé vers le Chef des Taëncas, 168.

E.

D'ENonville, Marquis, nommé Gouverneur de la nouvelle France, à la place de M. de la Barre, 118.

F.

Femmes sauvages, leur maniere d'élever leurs enfans, 25. nourriture qu'elles leur donnent, 26. leurs vestemens, 167. de quoi sont curieuses, 170. 171.
Fermeté. Exemple d'une fermeté inébranlable, 125.
Fort commencé chez les Iroquois, 34. chez les Miamis, 45. 206. chez les Islinois, 61. Fort appellé *Crevecœur*, 62. Fort pillé, 97. Fort visité par M. de la Sale, 147. Fort Prudhomme,

DES MATIERES.

203. Fort Saint Joseph, 228.
François égorgez par un parti de Naches, 31. 8. 319.
Fusil. Coup de fusil tiré, jette l'épouvante parmi des Sauvages, 259.

G.

GABRIEL, Religieux massacré par les Sauvages, 127.

H.

HERMAPHRODITES en grand nombre parmi les Islinois, 59.

I.

JESUITES, leur habitation parmi les Sauvages, 42. 142.
Incident facheux, 123.
Iroquois, naturel de ces peuples, 32. 32. 71. reception qu'ils font aux François, 34. leur politique envers eux 75. peuples qu'ils ont subjuguez, 81. viennent pour attaquer les Islinois, 100. leur armée divisée en deux parties, 102. Deputé vers

TABLE

ces Barbares, 105. est renvoïé avec proposition de paix, 109. se jettent dans le camp des Islinois entierement abandonné, 113. envoïent un Mediateur de paix entre eux & les Islinois, 114. leur entrevûë avec les Islinois, 119. leur perfidie, 120. font des presens aux François, 121. caractere de ces Sauvages, 203. traitement que leur font les autres peuples, 205. tâchent de s'opposer à nos établissemens chez les Islinois, 209. guerre declarée aux Iroquois, 226. se joignent avec les Anglois pour nous faire la guerre, 230. dressent une embuscade, 232. se mettent à la raison, 236.

Islinois commercent avec les François 35. 36. leur riviere 50. 152. leur village abandonné, 52. se rangent en bataille, 54. leur demande, & la réponse qu'on leur fait, 54. presentent le Calumet, 55. bons traitemens qu'ils nous font, 56. naturel de ces peuples, 58. loix severes qu'ils se sont imposées pour punir le vice infame, 59. peuvent épouser plusieurs femmes. 60. sont fort

DES MATIERES.

jaloux, 60. à quoi les femmes & les garçons effeminez s'occupent, 60. occupation des hommes. 61. étenduë de leur païs. 61. les Iſlinois conçoivent une inimitié contre nous. 69. ſont deſabuſez. 70. 71. ſe voïent ſur le point d'eſtre attaquez par les Iroquois. 101. deputent vers ces peuples. 102. *& ſuiv.* prennent le divertiſſement de la chaſſe. 113. les autres ſe retirent plus au loin. 113. mediateur de paix entre eux & les Iroquois. 114. imprudence d'un Iſlinois. 116. entrevûë des Iſlinois & des Iroquois. 119.

L.

Lac de Frontenac. 4. autrement dit *Superieur.* 30. ſa traverſée & ſon circuit. 30. ſe joint avec un autre lac. 30. lac de Conti. 30. 31. lac des Hurons. 31. 39. lac des Iſlinois. 31. lac de Condé. 31. lac Herié. 37. lac des Arſenipoits. 93.

Lantelot, le jeune, égorgé par les Sauvages. 304.

Lantelot s'érige en chef de la troupe,

F f iij

TABLE

après avoir tué M. de la Sale. 311
est tué par un Anglois. 312.

Loüisiane. 7.

M.

M. de la MARNE se baigne & se noïe. 287. sa sepulture. 288.

Mausolea, secret Emissaire des Iroquois, son arrivée chez les Illinois. 72. ses intrigues & ses discours. 73. sa réponse à M. de la Sale. 79.

Mentons, Sauvages, leur opinion touchant les armes à feu. 288.

Miamis, fertilité du païs de ces peuples. 44. leur naturel. 45.

Missilimachinac, espece d'isthme. 39. fertilité de ce païs. 40.

Mississipi, fleuve, sa source. 92. peuples qui habitent ses bords. 92. son embouchure. 192. ses bords. 193.

Moranget assommé d'un coup de hache. 305.

N.

NACHES, Sauvages partagez en deux dominations. 184. 187.

Nassonis, Sauvages. 170.

DES MATIERES.

Niagara, village situé sur le Lac Conti. 32.

Nica, homme piqué d'une vipere. 261.

Noüadiches, Sauvages, proposition qu'ils nous font. 283. offrent le Calumet. 317.

O.

S. *Onnontoüane*, village. 32.
Ontnoüas, Sauvages, 141.
Oüabachi, leur riviere. 154.
Oumas, les plus valeureux d'entre les Sauvages. 223.
Ozages, leur riviere. 153.

P.

Peuples qui parlent du gosier. 79.
Plongeurs en grand nombre chez les Naches. 185.
Pondalamia, village de cinq cent feux abandonné. 52.
Pontoualamis. 131. 141.
Prudhomme égaré dans les bois, revient retrouver les François. 157.
Puans. Baye des Puans. 42. 132.

F f iiij

TABLE

Q.

QUANOATINOS, Sauvages redoutez des Iroquois. 279.

Quiripiffas, Sauvages, ne permettent point l'entrée dans leur païs. 189. quatre de leurs femmes prises, 198. caractere de ces peuples. 199. se raccommodent avec les François. 222.

Quoaquis, Sauvages, 252. leurs vêtemens. 252. leur équipage à cheval. 253. leurs femmes. 253.

Quodadiquio, Sauvages, joints avec deux autres nations. 324. leur langue & leurs habitations. 325. leur occupation & leur trafic. 325. leur maniere particuliere. 325.

R.

RELIGION, Vestiges de la vraie Religion chez quelques Sauvages. 270.

Rivieres de l'Amerique septentrionale.

Outa. 41.

DES MATIERES.

Onisconeing, 43.
la *Sabloniere*, divisée en trois canaux. 188. 279.
Riviere aux vaches. 246.
Riber, pourquoi ainsi nommée. 254.
Rieus, d'où ainsi nommée. 255.
Passage d'une Riviere rapide. 262.
Maligne, malheur arrivé sur ses bords, 275.
Riviere aux Cannes, d'où ainsi nommée. 278.
Riviere Rouge. 316.

S

Sagavite, espece de pain, 257.
Salle, (Monsieur de la) part de la Rochelle 4. entreprend avec trente hommes d'entrer dans l'Amerique septentrionale. 27. ses provisions & sa voiture. 28. ses guides. 28. s'embarque pour faire le trajet du Lac superieur. 31. envoie quelques canots chercher du blé d'Inde pour sa subsistance. 32. s'en retourne à Frontenac. 38. à Niagara, 39. trafique à Missilimachinac. 40. aborde à la baïe des Puans. 42. s'embarque

TABLE

pour aller chercher les Miamis 43. 44. trafique avec eux. 44. tâche de les soûmettre. 45. se resout d'aller chez les Islinois 50. dissention parmi ses gens mécontens 63. leurs plaintes. 64. leurs artifices 67. M. de la Salle se trouve en une fâcheuse conjoncture. 70. decouvre la perfidie de ses gens. 71. va dans le camp des Islinois. 76. son discours aux principaux de la nation. 77. s'adresse à Mausolea. 79. 80. aux Islinois. 81. effet de son discours. 86. partage ses courses en deux parties. 87. ses gens prennent la resolution de l'empoisonner. 88. lui & ses gens empoisonnez 89. ses empoisonneurs prennent la fuite. 89. envoïe M. Dacan à la decouverte des terres qui sont le long du fleuve Mississipi. 91. prend congé des Islinois pour se rendre à leur grand village. 94. perfidie de deux de ses gens. 95. visite le Fort de Crevecœur 147. part pour Frontenac. 148. est visité par le chef des Taëncas. 180. presente au Chef des Naches, quelques chevelures des Qui-

DES MATIERES.

nipiſſas. 200. ſon arrivée à Quebec. 208. ſon depart du Canada. 209. incertitude de ſa deſtinée. 237. ſon ſecond depart de France. 240. ce qui lui arriva pendant ſa route. 241. reçoit à la teſte de ſa compagnie les Principaux de la nation des Cenis. 268. tombe malade 272. ſe remet en marche 274. la nouvelle de ſa mort. 301. Auteurs de ſa mort. 302. & 307. eſt regretté 308.

Saut Niagara. 30.

Saut ſainte Marie. 40.

Sauvage. Ce que fait le Sauvage au retour de la chaſſe. 23. caractere des Sauvages. 23. leur inclination. 27. un Sauvage monté ſur un cheval s'informe qui nous ſommes, 265.

Sel. Differend entre les Taënſas & les Nachitoches, au ſujet du Sel. 319.

Soleil adoré dans toute l'Amerique. 257. 320.

T.

TAENCAS, Sauvages. 163. grandeur de leur village. 165. leur

TABLE

chef. 166. Deputé qu'on lui envoïe. 168. réponse qu'il fait. 169. présens qu'on lui fait. 170. Regal qu'il fait aux François. 172. 173. devoüement de ses peuples pour lui. 173. leur Religion & leurs Coûtumes. 175. leur Temple. 177. leur Chef rend visite à M. de la Salle. 180.
Tambour cause une allarme. 159. 189.
Tangibao, village pillé & abandonné. 190.

V.

VAISSEAUX perdus par la negligence des matelots. 244.

Y.

YATACHES Sauvages joints avec deux autres nations. 311. reception qu'ils font aux François. 322.

Fin de la Table des Matieres.

LIVRES

LIVRES NOUVEAUX Imprimez, & qui se vendent chez le même Libraire.

LES Egaremens *des Passions*, & les chagrins qui les suivent, in 12. 1697.

Modéles de *Conversations* pour les Personnes polies. Par M. l'Abbé de Bellegarde. *in douze.* 1697.

Reflexions sur *le Ridicule*, & sur les moïens de l'éviter; *où les mœurs* & *les differens caracteres des personnes de ce siecle sont representez.* Par M. l'Abbé de Bellegarde. *Seconde Edition* de beaucoup augmentée. *in douze* 1697.

L'Esprit de l'Eglise dans l'usage des *Pseaumes*, en forme de priere ou d'exhortation *In douze* 2. *vol.* 1697.

Traité des *Droits Honorifiques* des Seigneurs dans les Eglises, par feu M. *Mareschal* Avocat en Parlement, nouvelle & derniere Edition, *augmentée* d'un Traité du Droit de *Patronage*, de la Présentation aux Benefices ; & des Droits Honorifiques des Seigneurs dans les Eglises. Par M. Simon, *in douze*, 2. *vol*. 1697.

L'Histoire & *les Avantures* de Kemiski Georgienne, *In douze* 1697.

La Connoissance du Monde, *Voïages Orientaux*, Nouvelles purement historiques, *contenant* l'Histoire de Rhetima *Georgienne*; Sultane disgraciée; Et de Ruspia, *Mingrelienne*, sa compagne du Serail, avec celle de la fameuse Zisby, *Circassienne*. Dédié à Madame la Princesse Doüairiere de Conty, *un* volume in douze 1695.

L'Art de bien élever la *Jeunesse*, pour les divers états de la vie; *où il est traité* des principes de l'Education; *du choix* d'un Gouverneur, & des qualitez qu'il doit avoir; *de l'Art* de connoître les Esprits; *Dialogue* entre le Solide & le Délicat; *de l'éducation* d'une Fille de qualité; *de l'établissement* des Enfans, *de l'honnête* Homme; *des états* de la vie, *des principes* de la Politique, *& de l'Art* de voyager, *in douze*.

Harangues sur toutes sortes de Sujets avec l'art de les composer. *Par feu M. de Vaumoriere.* Seconde Edition augmentée d'un grand nombre de Préceptes & de Harangues, dediées à M. le Chancelier, un volume *in quarto.* 1693.

Lettres sur toutes sortes de Sujets, avec *des Avis*, sur la maniere de les écrire, par feu Monsieur de Vaumoriere, *seconde Edition*, augmentée d'un grand nombre de Préceptes & de Lettres. *In douze* 2. *vol.* 1695.

L'Art de plaire dans la Conversation, *par feu M. de Vaumoriere.* Troisiéme Edition de beaucoup augmentée ; *dedié* à M. le Prince de Ligne. *In douze* 1697.

Oeuvres *mêlées* de Mademoiselle Lheritier, *in douze.* 1696.

Contenant

Marmoisan, ou *l'innocente tromperie.* Nouvelle heroïque & satirique, à Mademoiselle Perrault. *Artault, ou l'Avare* puni. Nouvelle historique à Madame le Camus. *Les enchantemens de l'Eloqunece*, ou les effets de la Douceur. Nouvelle à Madame la Duchesse d'Epernon. *L'adroite Princesse*, ou les Avantures de Finette. Nouvelle à Madame la Comtesse de Murat. *Et autres Ouvrages* en vers & en prose, *avec Le Parnasse reconnoissant*, ou le triomphe de Madame *Deshoulieres* à Mademoiselle Scuderi.

Poësies *Galantes* de Madame de Saintonge, *dediées* à son Altesse Royale Madame, *in douze* 1696.

Le Galant Nouvelliste, *Histoire* du tems, un volume *in douze*.

L'Ariofte Moderne, ou *Roland le Furieux*, dedié au Roi, *contenant* le sujet de l'Opera de Roland, representé en Musique à Paris, *in douze, quatre volumes*.

Histoire secrete de *Dom Antoine* Roi de Portugal, *tirée des Memoires* de Dom Gomés Vasconcellos de Figueredo, *dedié* à son Altesse Roïale Madame. *In douze*, 1696.

Rome Galante, ou *Histoire secrette* sous les Regnes de Jules César & d'Auguste, *dediée* à Madame la Princesse de Conty, fille du Roi,
in

in douze deux volumes.

Arſenne, *Nouvelle Hiſtorique*, dediée à Madame de Maintenon, *un volume in douze.*

Hiſtoire de *Jean* de *Bourbon* Prince de *Carency* par *Madame* la Comteſſe Daunoy, *in douze* 3. *volumes.*

OEuvres de François *de la Mothe le Vayer*, Conſeiller d'Etat Ordinaire, *Nouvelle Edition* augmentée de pluſieurs nouveaux Traitez, *in douze* 15. vol.

Le Parfait *Chirurgien* d'Armée. *Le Traité* des Playes d'Arquebuſade; le moyen de les guerir, avec leurs accidens; *accompagné* de la veritable pratique pour toutes les maladies qui attaquent ordinairement les gens de guerre, *avec le Chapitre ſingulier de Guidon* pour l'inſtruction des Etudians en Chirurgie, par *M. Abeille* Chirurgien à Paris, Major des Hôpitaux des Armées du Roi, *en un volume* in douze 1696.

Maximes du Droit Canonique de France, *par feu M. Loüis Dubois*, celebre Avocat au Parlement, *enrichies* de pluſieurs Obſervations

G g

tirées des Conciles, des Peres, de l'Histoire Ecclesiastique, des Libertez de l'Eglise Gallicane, & *des Decisions* des Cours & des meilleurs Auteurs, par M. Simon. *Quatriéme Edition*, de beaucoup augmentée. *in douze* 2. *vol.*

Traité singulier *des Regales*, ou des droits du Roi sur les Benefices Ecclesiastiques ; *Ensemble*, la Conference sur l'Edit du Contrôle, & la Declaration des Insinuations Ecclesiastiques, *avec* plusieurs autres Instructions sur les Matieres beneficiales ; & *l'Inventaire* des Indults, pieces, titres, & memoires emploiez & servans de preuves, par M. *François Pinson*, ancien Avocat en Parlement, *in quarto* 2. *vol.*

Le parfait *Notaire* Roïal Apostolique & *Procureur* des Officialitez & Cours Ecclesiastiques, *dedié* à M. Daligre, Conseiller d'Etat Ordinaire, par *M. Horry*, ancien Notaire Apostolique de l'Archevêché de Paris, *in quarto.*

FIN.

www.ingramcontent.com/pod-product-compliance
Lightning Source LLC
Chambersburg PA
CBHW050314170426
43202CB00011B/1898